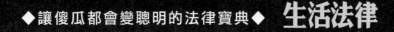

◆讓傻瓜都會變聰明的法律寶典◆　　生活法律
DIY

人的權利義務何在？
人的行為能力範圍如何？
什麼是自然人？什麼又是法人？
動產與不動產的權利義務歸屬是什麼？
行使代理權要注意哪些事項？

曾淑瑜 ◆編著

輕鬆看民法總則

生活必備法律知識
　延伸閱讀的啟蒙書！

一個人不能不認識自己的義務，不能不注意自己的權利——
一本在手，效用無窮！用最簡單的說明方式，加上符合內容的
插畫說明，讓您一看就懂，即看即用！書中另有法律小辭典做
重點提示，且相關書狀法規一應俱全，讓您輕鬆成為民法通！

再版序

聽到法律系的同學告訴我，他（她）們之前讀民法總則時曾經使用過本書，我相當地訝異。因為本書寫作當時的目的，起初設定的讀者對象是法律科系以外的學生，及想要瞭解相關法律問題的社會人士。故一方面，希望藉由圖文並茂的方式增加學子閱讀的興趣；另一方面，以具體實例對照法律文字，讓法律條文不再那麼枯燥無味，更加生動及生活化。看樣子本書的確成功地創造通俗化教科書的模式，同樣也受到本科系同學的青睞。

鑑於修法前禁治產宣告及禁治產人的監護部分過於簡略，不僅無法周延保障成年禁治產人的權益，同時亦難以因應高齡化社會所衍生的成年監護問題，民法總則在97年5月23日修正公布，98年11月23日施行，將「禁治產」的用語修正為「監護」；又因現行宣告禁治產一級制缺乏彈性，且不符社會需求，所以在監護宣告之外，增加了「輔助宣告」，修正為二級制，本書再版時特別將前開修正情形納入其中，且詳細說明，提供讀者參考。除此之外，亦改正部分內容中的錯誤、調整圖表。

感謝學棣石振勛在學業繁忙中抽空認真細心地核對、校正本書，當然更感謝的是愛護本書的讀者。民法總則是修練整部民法法律的基本功，而且也是許多法律的起手式，基本功練得愈紮實，將來功力就愈容易精進，內力增強後，什麼樣的問題自然可以迎刃而解。

曾淑瑜 謹誌
2009.6

保護自己的權益

近幾年來，對商學院的同學講授民法概要，有非常大的感觸。同學們對於用字遣詞拗口的法律課程，簡直是避之惟恐不及。話說雖是中國人，且已於國中、高中讀過古文，但是法律條文一條一條唸下來，有時候還不知道它在說什麼。且常常誤解法律即為條文的背誦，而忽略其目的及與生活的相關性。

民法可說是一部生活上的法律，舉凡人一出生，直至死亡的期間，無不與之息息相關，學習民法不但能認識自己之權利，且能注意自己的義務，它可以說是保護自己、防衛自己遭受損害的利器。而民法總則為民法的第一篇，顧名思義，為整部民法的原理原則。因此，其內容大都為民法諸規定的指導原則，且就基礎的概念詳加介紹，為初學民法者所不能忽略。例如人的權利能力、行為能力範圍如何？成年人、未成年人法律上行為的效力如何？二人通謀或是被詐欺、被脅迫而為意思的表示，事後是否有補救的機會？凡此，在民法總則均有詳細的規定。

本書鑑於一般人均視法律的學習為畏途，特以圖示或表列方式說明相關觀念，並舉具體實例解釋，佐以法院的判例、判決，使讀者可以輕鬆地學習法律。本書的目的在提高讀者對法律學習的興趣，期待法律能夠大眾化，並融入生活。

中國文化大學法律系暨法研所專任助理教授

曾淑瑜

目 錄

前　言

　　什麼是民法？民法是規定人與人之間權利義務關係的社會生活規範。因為人自出生後，不論是日常生活，甚至是結婚生子、死亡，無一不與民法發生關係。為使權利、義務、責任明確化，民法特別規定總則、債、物權、親屬、繼承五編，規範財產與身分的法律關係。因內容龐雜，本書僅就財產的法律關係部分之一——總則編予以介紹。

〔法律小辭典〕請求權、形成權、抗辯權

　　請求權：依據權利的內容請求他人作積極的行為或消極的不作為的權利。例如出賣人基於買賣契約請求買受人給付價金。

　　形成權：指由當事人一方的意思表示，使法律關係直接發生、變更或消滅的權利。例如撤銷權、解除權。

　　抗辯權：權利人請求給付時，義務人得予拒絕其應給付的權利，其目的在排除請求權的效力，但不能使請求權本身消滅。例如消滅時效抗辯權。

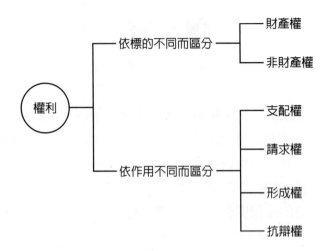

1 緒 論

　　民法總則可以說是整部民法法典的一般原理、原則，總則編以外的其他各編，除非有特別規定，原則上仍適用總則的規定。從民法總則的架構來看，基本上可分為五大部分。

　　第一為法例，包括使用文字的準則、決定數量的標準等。

　　第二為權利主體，按民事法律的權利義務主體有二，即自然人及法律擬制的法人。自然人的權利能力，原則上始於出生，終於死亡，且依其年齡及精神狀態的不同而定其法律行為的效力；而法人畢竟與自然人不同，所以其權利能力、行為能力須受到限制。

　　第三為有關權利客體——物的規定，說明法律上物的意義、物的分類。

　　第四為權利變動的部分，規範法律行為、期日期間及消滅時效。

　　既然權利是民法的重點之一，則權利行使的基本原則、權利救濟的方式，均於第五部分中會詳細介紹。

 民事案件法律未規定時怎麼辦？

　　民法第1條規定：「民事，法律所未規定者，依習慣；無習慣者，依法理。」習慣具有補充及優先的效力，凡法律已規定的事項不適用習慣，未規定者，法官不得拒絕審判，而應援引習慣或法理判決之。至於所適用的習慣，以不違背公共秩序或善良風俗者為限（民法第2條）。

法律未規定之民事案件，依習慣及法理判決

〔判例〕信託法未公布施行前，法理上仍承認信託契約的存在。

· **66台再字第42號**

　　按因私法上法律行為而成立之法律關係，非以民法（實質民法）有明文規定者為限，苟法律行為之內容，並不違反公序良俗或強行規定，即應賦予法律上之效力，如當事人本此法律行為成立之法律關係起訴請求保護其權利，法院不得以法無明文規定而拒絕裁判。所謂信託行為，係指委託人授與受託人超過經濟目的之權利，而僅許可其於經濟目的的範圍內行使權利之法律行為而言，就外部關係言，受託人固有行使超過委託人所授與之權利，就委託人與受託人之內部關係言，委託人仍應受委託人所授與權利範圍之限制。信託關係係因委託人信賴受託人代其行使權利而成立。應認委託人有隨時終止信託契約之權利。（本則判例於91年10月1日經最高法院91年第12次民事庭會議決議不再援用，不再援用理由：85年1月26日信託法已公布施行。）

〔判決〕

·78台上字第1382號

　　所謂信託行為，係指委託人為達成一定經濟上之目的，僅於對外關係，將超過其經濟目的之財產權移轉於受託人，使其為權利人，但在內部關係，則限制受託人僅得在該經濟目的範圍內，行使其權利之法律行為而言。準此，在信託行為，僅受託人與相對人間發生直接之法律關係，委託人不得本於信託行為逕對相對人行使權利。

·84台上字第442號

　　有關祭祀公業及其派下權，在我現行民法並無規定，自應依民法第1條規定依習慣審理；台灣地區確有如上訴人所舉之「依台灣習慣，縱令某人過房於他房，如其目的在於祭祀，而非為出嗣者，即係所謂一子雙祧，並不喪失其本房遺產繼承權」之事實，換言之如係「出嗣」者，即喪失其本房遺產繼承權（按應包含派下權繼承權）。法院既認為上訴人確有出嗣於佛斗之事，則依前開習慣上訴人既已出嗣佛斗，而上訴人又迄未提出任何證據，足以證明其有雙祧之事實，則其已喪失其本房之繼承權，至為明顯。

文字與數量的適用原則

一、使用文字的準則

　　法律行為，如法律規定應使用文字者，則為要式行為，例

如不動產物權的移轉、設定，不動產租賃契約期限超過一年等。除非性質上必須由當事人親自書寫（例如自書遺囑）外，其他均可由他人代寫、印刷或電腦打字，但必須當事人親自簽名，而不以簽全名為必要，凡能證明確實是出於本人的意思表示者，仍有簽名的效力。又國人習慣上常以印章代替簽名，則如以指印、十字或其他符號代替簽名者，自無不可，但此種情形必須有兩位以上證人於文件上簽名證明，始與簽名有相同的效力。（民法第3條）

與簽名具同等效力之簽署

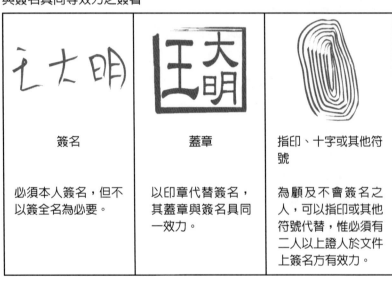

簽名	蓋章	指印、十字或其他符號
必須本人簽名，但不以簽全名為必要。	以印章代替簽名，其蓋章與簽名具同一效力。	為顧及不會簽名之人，可以指印或其他符號代替，惟必須有二人以上證人於文件上簽名方有效力。

二、決定數量的標準

（一）同時以文字及號碼表示者，若文字與號碼不符合，應當探求當事人的原意，否則應以文字為準。（民法第4條）

（二）以文字或號碼為數次的表示者，若文字或號碼表示之數次與事實不符合，應探求當事人原意，否則以最低額為準。（民法第5條）

支票
伍萬陸仟肆佰元整
54.600

以文字及號碼表示者

借貸契約
　　王大明於6月1日向李小英借了陸仟肆佰伍拾元，將於7月1日返還陸仟伍佰肆拾元整。

以文字或號碼為數次表示者

參考法條

1. 民法第3條：依法律之規定，有使用文字之必要者，得不由本人自寫，但必須親自簽名。
   如有用印章代簽名者，其蓋章與簽名生同等之效力。
   如以指印、十字或其他符號代簽名者，在文件上，經二人簽名證明，亦與簽名生同等之效力。
2. 民法第4條：關於一定之數量，同時以文字及號碼表示者，其文字與號碼有不符合時，如法院不能決定何者為當事人之原意，應以文字為準。
3. 民法第5條：關於一定之數量，以文字或號碼為數次之表示者，其表示有不符合時，如法院不能決定何者為當事人之原意，應以最低額為準。

2 權利主體──自然人

權利能力

　　權利能力是指在法律上享有權利負擔義務的資格或地位，凡是自然人均有相同的權利能力。

一、權利能力的始期

　　人的權利能力始於出生（民法第6條）。所謂出生，是指與母體完全分離並開始獨立呼吸而言。

　　那麼胎兒的權利能力有無受到保護？如果胎兒出生後數分鐘旋即死亡，是否仍有權利能力？

　　為保護胎兒的權益，凡是符合將來非死產及關於其個人利益的保護兩個條件者，視為已出生，取得權利能力。換言之，如果出生時為死產，則溯及地喪失其權利能力。此處所稱「死產」，是指脫離母體未獨立呼吸的情形。反之，胎兒脫離母體後，倘若曾獨立呼吸，即使只有數秒或數分鐘，亦取得權利能力。此外，胎兒的權利能力，是指以享受利益為限，例如贈與、遺產的繼承等，不包括負擔義務的情形（如負債）。

　　又外國人在我國境內可享有權利能力？外國人來台學習中文，為免去租屋的麻煩，可否在我國購置小套房居住？

　　外國人的權利能力須受到我國法令的限制。例如外國人為取得住宅使用，得租賃或購買土地，但其面積及所在地點，應受該管市縣政府依法所定的限制，且應會同原所有權人，呈請

該管市縣政府核准，並層報行政院（土地法第19條、第20條第1、3項）。

二、權利能力的終期

人的權利能力終於死亡（民法第6條）。死亡有自然死亡與法律死亡兩種情形。前者是指呼吸斷絕、心臟停止跳動的情形，晚近醫學界有以腦死為死亡的認定標準；後者則是指死亡宣告而言。

而如果失蹤達一定期間，生死不明，如何決定其法律關係？

按自然人失蹤一定期間，其法律關係即處於不明確的狀態，為確定該自然人在財產上及親屬上的關係，民法特設有「死亡宣告」的制度。申言之，即指失蹤人離去其最後住所或居所，歷時已久杳無音信、生死不明，法律上為確定其財產上及身分上的法律關係，而宣告該失蹤人為死亡的制度。

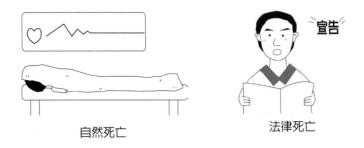

自然死亡　　　　　　　法律死亡

（一）死亡宣告的要件

1.必須有失蹤人的失蹤

所謂失蹤，係指自然人離去其最後住所或居所，而生死不明的狀態。如果其行蹤並非不明，僅因事實上交通中斷，致音信無法相通，則此與死亡宣告的要件不合。

2.必須經過法定期間（民法第8條）

期間種類	失蹤人的年齡或失蹤事由	失蹤年限	期間起算點
普通期間	未滿80歲	7年	自最後音信的翌日起算
	80歲以上	3年	
特別期間	特別災難（戰爭、海難、火災、地震等）	1年	自災難終止的翌日起算

3.必須因利害關係人或檢察官的聲請

此處所稱利害關係人，係指失蹤人的配偶、繼承人、法定代理人、債權人或其繼承人、受遺贈人、人壽保險金受領人，及因死亡宣告而有身分上及財產上利害關係的人或國庫（如國有財產局）等。

4.必須經法院宣告

死亡宣告的聲請，專屬失蹤人住所地的法院管轄（民事訴訟法第626條）。聲請死亡宣告時，應表明其原因、事實及證據（民事訴訟法第627條）。且法院須踐行公示催告的手續，催告失蹤人於一定期間內必須陳報其生存，或知失蹤人生死者，亦應於期間內將其所知陳報法院（民事訴訟法第628條）。

（二）死亡宣告的效力

受死亡宣告者，以法院判決內所確定死亡的時間，推定為死亡。此死亡的時間，應為失蹤法定期間最後日終止之時，但

如果有反證者，則不在此限。又如果二人以上同時遇難，而無法證明死亡的先後時，推定其為同時死亡（民法第11條）。至於失蹤人失蹤後，未受死亡宣告前，其財產的管理，則依非訟事件法的規定（民法第10條）。即失蹤人的財產須由財產管理人管理之（非訟事件法第108～120條）。死亡宣告的效力範圍僅侷限於以失蹤人住所為中心的法律關係，如果失蹤人實際上未死亡，其所從事之法律行為仍然有效，也就是說其權利能力、行為能力、侵權能力均不受影響。此外，失蹤人所消滅的法律關係為一切私法上的權利義務，包括財產與身分關係。

〔法律小辭典〕推定

　　指因有某事實存在，依一般情事，可認為有另一事實存在，但其無擬制效力，必須提出反證才得以推翻之。

（三）死亡宣告的撤銷

　　受死亡宣告的人如尚生存時，檢察官或利害關係人得提起撤銷死亡宣告之訴，依民事訴訟法有關規定的程序辦理（民事訴訟法第635條以下）。且撤銷死亡宣告判決，不問對於何人均有效力。換言之，死亡宣告一經撤銷即有溯及的效力。惟為保護信賴死亡宣告的失蹤人配偶、繼承人及其他利害關係人，避免法律關係的不安定，仍有下列兩種例外情形（民法第9條）：

　　1.撤銷死亡宣告判決確定前的善意行為仍然有效，不受影響。所謂「善意」，是指不知死亡宣告與事實不符而言。

　　2.因宣告死亡而取得財產者，如因撤銷死亡宣告判決喪失

權利，則該財產權的受領人僅須於現受利益的限度內，負歸還財產的責任。

　　例如甲搭機至澎湖出差，因飛機機械故障臨時迫降某小島，甲失蹤未尋獲，甲的太太乙認為甲存活希望不大，基於平時夫妻感情即不睦，遂與他人再婚。後來甲安然生還，其財產及身分上的法律關係如何？

　　甲財產及身分上的法律關係如何，應視是否聲請死亡宣告而定（民事訴訟法第640條）：

　　未聲請死亡宣告：甲、乙的婚姻關係仍然存在，乙再婚則視為重婚的行為，不但構成重婚罪，且後婚姻無效（民法第988條第3款）。且不發生遺產繼承的問題。

　　已聲請死亡宣告：不但配偶本人可聲請死亡宣告，其他利害關係人，甚至檢察官亦得聲請死亡宣告。通說認為婚姻關係因死亡宣告而消滅，死亡宣告後，配偶可以再婚。而死亡宣告經撤銷者，雙方如為善意（即不知甲尚生存），則再婚的效力不受影響；但乙或其再婚的第三人如非善意者（即知甲尚生

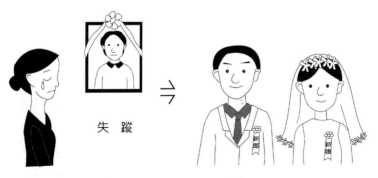

失　蹤

原配未申明死亡宣告→婚姻無效
原配已申明死亡宣告→婚姻有效

存），則甲、乙的婚姻關係仍然回復。又甲受死亡宣告後，繼承即開始，其財產上的一切權利義務自甲被推定死亡之時起，歸由其繼承人承受。如果甲歸來撤銷死亡宣告，則繼承人必須在所受利益的限度內負返還所繼承財產的義務。

 **行為能力**

行為能力是指得獨立以意思表示，使其行為發生法律上效果的資格或地位。

〔法律小辭典〕意思能力及責任能力

意思能力：可辨識自己行為將產生何種後果的精神狀態（又稱識別能力）。

責任能力：接受法院制裁的能力。

行為能力依年齡及精神狀態的不同可以區分為下列三種：

一、完全行為能力人

能以獨立的意思作有效的法律行為。

（一）成年人：即年滿20歲者，以週歲而言（民法第12條）。

（二）未成年人已結婚者（民法第13條第3項）：

1.未達結婚年齡而結婚者，依現行法律規定，僅得撤銷而非無效，所以在未撤銷前仍取得行為能力，如經撤銷，則自撤

銷時起，喪失行為能力。

　　2.未成年人結婚後再離婚，或配偶一方死亡，則行為能力不喪失。

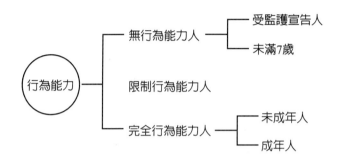

二、限制行為能力人

（一）7歲以上，20歲未滿，且未結婚者（民法第13條第2項）

（二）受輔助宣告的人（民法第15條之1）

　　受輔助宣告的人，雖不因輔助宣告而喪失行為能力，但為保護其權益，於為重要法律行為時，同前述限制行為能力人，須經輔助人同意。

　　1.適用的要件：因為精神障礙或其他心智缺陷，致其為意思表示或受意思表示，或辨識其意思表示效果的能力顯有不足者。

　　2.聲請權人：本人、配偶、四親等內的親屬、最近一年有同居事實的其他親屬、檢察官、主管機關（例如老人福利法第

3條、身心障礙者權益保護法第2條、精神衛生法第2條）或社會福利機構。

　　3.受輔助的原因消滅時，法院依聲請權人的聲請，撤銷其宣告。

　　4.受輔助宣告的人須輔助的情況加重，而有受監護的必要者，法院得依第14條聲請權人的聲請變更為監護宣告。

三、無行為能力人

　　無行為能力人指不能作有效法律行為的人。

（一）未滿7歲的未成年人（民法第13條第1項）

（二）受監護宣告人（民法第14條）

　　民法總則在97年5月23日修正公布，98年11月23日施行，鑑於修法前禁治產宣告及禁治產人的監護部分過於簡略，不僅無法周延保障成年禁治產人的權益，同時亦難以因應高齡化社會所衍生的成年監護問題，故將「禁治產」的用語修正為「監護」。又舊法禁治產宣告的關定係採宣告禁治產一級制，缺乏彈性，且不符社會需求，所以在監護宣告之外，增加了「輔助宣告」，修正為二級制（在舊法時已為禁治產宣告者，視為已為監護宣告；繫屬於法院的禁治產事件，其聲請禁治產宣告，視為聲請監護宣告；聲請撤銷禁治產宣告，視為撤銷監護宣告；並均於新法施行後，施用新法的規定，民法總則施行法第4條第2項）。

　　1.適用的要件：因為精神障礙或其他心智缺陷，致不能為意思表示或受意思表示，或不能辨識其意思表示的效果者。

　　2.聲請權人：本人、配偶、四親等內的親屬、最近一年有同居事實的其他親屬、檢察官、主管機關（例如老人福利法第3條、身心障礙者權益保護法第2條、精神衛生法第2條）或社會福利機構。

　　3.受監護宣告的人無行為能力（民法第15條）。

　　4.受監護的原因消滅時，法院依聲請權人的聲請，撤銷其宣告。

　　5.受監護宣告的人精神障礙或心智缺陷狀況如有改善，已無受監護的必要，但如仍有輔助的必要，法院得依聲請權人的聲請變更為輔助宣告。

如何定自然人的住所？

　　所謂的住所，指自然人法律關係的準據點，與戶籍不同。

一、決定住所的標準

　　凡依一定的事實，足以認為久住的意思，住於一定地域者，即設定其住所於該地。由此可知，自然人設定其住所，必須符合下列兩個要件：

　　（一）主觀要件：久住的意思。如僅是短暫出外求學、工作而租房子住，因有返回原住所的意思，不認為有設定新住所的意思。（民法第20條）

　　（二）客觀要件：住於一定地域。偶然中斷並不影響居住的事實。

二、廢止住所

依一定事實，足以認為廢止住所的意思而離去其住所者，即廢止其住所。（民法第24條）

三、住所的種類

（一）意定住所

以當事人意思所決定的住所。

（二）法定住所

法律所規定的住所（基於特定身分關係所產生的住所）。

1.夫妻的住所：由雙方共同協議，未成協議或協議不成時，得聲請法院定之。法院未裁定前，以夫妻共同戶籍地推定為其住所（民法第1002條）。

2.無行為能力人及限制行為能力人的住所：以其法定代理人的住所為住所（民法第21條）。

3.未成年子女的住所：以其父母的住所為住所（民法第1060條）。無父母者，以其監護人的住所為住所（民法第1091、1098條）。

4.養子女的住所：以其養父母的住所為住所（民法第1077、1086條）。

5.受監護宣告人的住所：以其監護人的住所為住所（民法第1110、1113條）。

6.法人的住所：以其主事務所所在地為住所（民法第29條）。

（三）擬制住所

1.以「居所」視為「住所」（民法第22條）

(1)住所無可考者：指根本無住所，或雖有住所而其所在地不明，包括國內外住所均不明。

(2)在我國無住所者：指在外國有住所，但在我國無住所。惟依涉外民事法律適用法規定，應適用其本國法時，則應依其本國法，而不再以其居所為住所。

2.因特定行為選定居所（民法第23條）。例如經商、就業、就學即是。又選定居所的行為為法律行為，單獨行為或契約行為均無不可，但必須有完全行為能力者始得為之。

住所的種類

	意定住所 以當事人意思所決定的住所。
	法定住所 法律所規定的住所（基於特定身分關係所產生的住所）。
	擬制住所 住所無可考者、在我國無住所者以及因特定行為選定居所者，均以「居所」視為「住所」。

人格權的保護

一、人格權的意義

指存在於權利人自己人格的權利，即與人格有不可分離關係所享有的社會利益，而受法律保護者而言。例如生命、身體、健康、名譽、自由、姓名、信用、貞操、肖像、隱私等權利，分別規定於民法第19、192、194、195條。

〔法律小辭典〕姓名權

　　指自然人或法人專用名稱的內容，不以本名為限，凡得以識別其人格者均屬之。姓名權受侵害時，除得以請求法院除去其侵害（例如登報道歉，且停止使用），並得以請求包括財產上與非財產上的損害賠償。

二、保護的範圍

（一）禁止拋棄

1.行為能力及權利能力不得拋棄（民法第16條）。例如與人約定拋棄權利能力而甘願為奴者，此約定無效（民法第71條違反禁止規定）。

2.自由不得拋棄（民法第17條第1項）。此處所稱的自由，依憲法第10條至第14條規定，例如居住、遷徙、言論、講學、著作及出版、通訊、信仰宗教，以及集會結社等自由，均屬之。

（二）不得任意限制

憲法第23條規定，憲法所明文列舉的自由權利，除了防止妨礙他人自由、避免緊急危難、維持社會秩序或增進公共利益所必要者外，不得以法律限制之。所以，自由的限制，以不違背於公共秩序或善良風俗者為限（民法第17條第2項）。

（三）人格權侵害的救濟（民法第18條）

1.除去侵害請求權：此係針對「現在」的侵害，不以侵害人有故意、過失為必要。

2.侵害防止請求權：此係針對「將來」的侵害。

3.損害賠償請求權：此係針對「過去」的侵害。

(1)無論是財產上的損害或非財產上的損害，原則上均必須符合民法第184條侵權行為的要件。

(2)財產上的損害賠償，以填補損害為限。非財產上的損害賠償（或稱慰撫金），以法律有特別規定，才得請求，例如民法第19、192～195、979、999、1056條等。

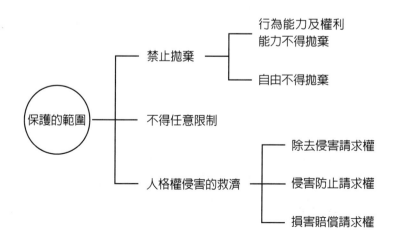

〔判例〕與他人配偶通姦，係屬侵害他人權利的行為
‧55台上2053判例

民法第184條第1項前段規定，以權利之侵害為侵權行為要件之一，故有謂非侵害既存法律體系所明認之權利，不構成侵權行為。惟同法條後段規定，故意以背於善良風俗之方法加損害於他人者，亦同。則侵權行為係指違法以及不當加損害於他人之行為而言，至於侵害係何權利，要非所問。而所謂違法以及不當，不僅限於侵害法律明定之權利，即違反保護個人法益之法規，或廣泛悖反規律社會生活之根本原理的公序良俗者，亦同。通姦之足以破壞夫妻間之共同生活而非法之所許，此從公序良俗之觀點可得斷言，不問所侵害係何權利，對於配偶之他方應構成共同侵權行為。婚姻係以夫妻之共同生活為其目的，配偶應互相協力保持其共同生活之圓滿安全及幸福，而夫妻互守誠實，係為確保其共同生活之圓滿安全及幸福之必要條件，故應解為配偶因婚姻契約而互負誠實之義務，配偶之一方行為不誠實，破壞共同生活之圓滿安全及幸福者，即為違反因婚姻契約之義務而侵害他方之權利。

例如甲將乙男、丙女至旅社幽會情形錄影，並售予第四臺業者播放，丙女得知後，精神痛苦不堪，可否請求甲賠償其非財產上的損害？

按人格權的範圍是否以法律有明文規定者為限？實不盡然。其範圍近日有隨時代環境的變遷而有所增減，如隱私權雖然尚無明文加以規範，惟依通說，咸認為其亦屬人格權的一種。有人主張甲將乙、丙幽會過程錄影售予電視業者，使丙女精神上感到極大的痛苦與恐懼，已侵害到丙女的自由，丙女自

然可依民法第195條請求甲賠償非財產上的損害。有人認為甲此舉乃屬侵害名譽,但隱私權的性質是在保護個人的私生活,雖然侵害隱私權常伴隨著名譽權併受侵害,但因隱私權重在私生活的不欲人知,名譽權側重社會評價的低落,二者顯有差別。所以現行司法實務,以甲的行為係故意以違背善良風俗的方法加損害於丙女,丙自可依民法第184條第1項後段規定,請求甲賠償其非財產上的損害。

 參考法條

1. 民法第7條:胎兒以將來非死產者為限,關於其個人利益之保護,視為既已出生。
2. 民法第8條:失蹤人失蹤滿七年後,法院得因利害關係人或檢察官之聲請,為死亡之宣告。

   失蹤人為八十歲以上者,得於失蹤滿三年後,為死亡之宣告。

   失蹤人為遭遇特別災難者,得於特別災難終了滿一年後,為死亡之宣告。
3. 民法第9條:受死亡宣告者,以判決內所確定死亡之時,推定其為死亡。

   前項死亡之時,應為前條各項所定期間最後日終止之時。但有反證者,不在此限。
4. 民法第14條:對於因精神障礙或其他心智缺陷,致不能為意思表示或受意思表示,或不能辨識其意思表示之效果者,法院得因本人、配偶、四親等內之親屬、最近一年有同居事實之其他親屬、檢察官、主管機關或社會福利機構

之聲請,為監護之宣告。

受監護之原因消滅時,法院應依前項聲請權人之聲請,撤銷其宣告。

法院對於監護之聲請,認為未達第1項之程度者,得依第15條之1第1項規定,為輔助之宣告。

受監護之原因消滅,而仍有輔助之必要者,法院得依第15條之1第1項規定,變更為輔助之宣告。

5. 民法第18條:人格權受侵害時,得請求法院除去其侵害;有受侵害之虞時,得請求防止之。

前項情形,以法律有特別規定者為限,得請求損害賠償或慰撫金。

6. 民法第19條:姓名權受侵害者,得請求法院除去其侵害,並得請求損害賠償。

7. 民法第20條:依一定事實,足認以久住之意思,住於一定之地域者,即為設定其住所於該地。

一人同時不得有兩住所。

8. 民法第22條:遇有下列情形之一者,其居所視為住所:

一、住所無可考者。

二、在我國無住所者。但依法須依住所地法者,不在此限。

9. 民法第23條:因特定行為選定居所者,關於其行為,視為住所。

10. 民法第24條:依一定事實,足認以廢止之意思離去其住所者,即為廢止其住所。

11. 民事訴訟法第640條:撤銷死亡宣告或更正死亡之時之判決,不問對於何人均有效力。但判決確定前之善意行為,不受影響。

因宣告死亡取得財產者，如因前項判決失其權利，僅於現受利益之限度內，負歸還財產之責。

12.民法總則施行法第2條：外國人於法令限制內，有權利能力。

3　權利主體——法人

法人有哪些種類？

所謂法人，即自然人以外，由法律所創設，而為權利義務的主體。

一、公法人

指依據公法而成立者，例如國家、地方自治團體；或法律明文規定具有公法人資格的人民團體，例如農田水利會（水利法第12條）。

二、私法人

指依私法（例如民法、公司法）成立的法人。依組成的主體、成立基礎及存在目的的不同，又可區分為下列兩種：

（一）社團法人

1.營利社團法人：以營利為目的的社團（民法第45條）。例如依公司法、銀行法設立的公司、銀行。

2.公益社團法人：以公益為目的的社團（民法第46條）。例如依農會法、工會法設立的農會、工會。

3.中間社團法人：例如同鄉會、同學會。

（二）財團法人

如私立學校、基金會、教會、寺廟等。

私法人

種類	社團法人	財團法人
組成主體	多數人的集合體	財產的集合體
成立基礎	社員總會	捐助的章程
存在的目的	公益或營利	公益
設立行為	除公益法人而許可外，依準則主義	需經許可
章程變更	社員總會的決議	聲請法院必要處分
解散	隨時依社員決議解散	目的不能達到始解散

 如何設立法人？

法人設立的主義包括：

1.放任主義：指法律對於法人的設立不加任何干涉，完全聽任其自由。

2.特許主義：指必須經特別立法或元首特許而成立。

3.許可主義：指法人的設立必須經行政機關許可，例如我國民法對於公益社團法人或財團法人即採此主義。

4.準則主義：即只要符合法律所訂的條件始可設立，毋需再經行政機關的認可或許可。例如公司的成立，只要符合公司

法的規定即可成立，目前營利社團法人即採準則主義。

　　5.強制主義：指基於實際的需要，而由法律規定強制成立
法人。例如商業同業公會、工業同業公會等。

一、法人設立的程序

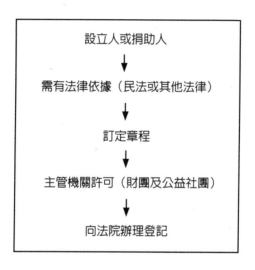

設立人或捐助人
↓
需有法律依據（民法或其他法律）
↓
訂定章程
↓
主管機關許可（財團及公益社團）
↓
向法院辦理登記

二、法人章程的訂立

　　（一）社團章程應記載的事項（民法第47條）：

1.目的。

2.名稱。

3.董事的人數、任期及任免。設有監察人者，其人數、任
　期及任免。

4.總會召集的條件、程序及其決議證明的方法。

5.社員的出資。

6.社員資格的取得與喪失。

7.訂定章程的年、月、日。

（二）設立財團，應訂立捐助章程。但遺囑捐助者不在此限。捐助章程應訂明法人的目的及所捐財產。

三、法人的登記

（一）公益社團及財團於登記前，應取得主管機關的許可。（民法第46、59條）

（二）法人的設立登記為成立要件（民法第30條）。社團、財團設立時，應登記的事項如下（民法第48、61條）：

1.目的：即法人設立的宗旨，例如財團法人應以公益為目的。

2.名稱：登記的法人在名稱上，應標明其為社團法人或財團法人。但其他法律另有規定者，不在此限。法人不得以其董事會或其他內部組織的名義，為其登記的名稱（法人及夫妻財產制契約登記規則第16條）。

3.主事務所及分事務所：事務所為法人的住所，視其業務發展的需要申設，並附具非訟事件法第84條第2項所定的文件，並於聲請書內載明文件名稱及件數。設置分事務所，應向主事務所所在地法院登記處辦理登記。分事務所不在同一法院管轄區域內者，並應檢同登記謄本及前項所定文件謄本，向分事務所所在地法院登記處辦理登記（法人及夫妻財產制契約登記規則第21條第2項）。

4.財產的總額：財團法人於成立時，其所捐財產必須確定，並於申請登記時附繳財產證明文件（法人及夫妻財產制契約登記規則第17條第2款）。財產的種類並無限制，動產、不

動產、股票均可。

　　5.受許可的年、月、日：申請登記時，應附法人主管機關核准設立的文書。（非訟事件法第84條）。

　　6.董事的姓名及住所：設有監察人者，其姓名及住所。

　　7.定有代表法人的董事者，其姓名：通常法人的代表為其董事長或常務董事。

　　8.定有存立時期時，其時期。

　　9.定有出資方法者，其方法。

　　（三）法人設立登記以外的登記為對抗要件：法人於設立登記後，有應登記的事項而不登記，或已登記的事項有變更而不為變更的登記者，僅不得以其事項對抗第三人，而與其效力無涉。

　　（四）法人的登記機關：法人登記的主管機關為該法人事務所所在地的法院（民法總則施行法第10條第1項）。

 ## 法人的能力是否與自然人相同？

　　法人既然為法律所創設的權利義務主體，為方便其活動，當然享有諸項能力，但法人的能力畢竟與自然人的能力不同，必須受到相當限制。分別就其權利能力、行為能力、責任能力說明如下：

一、法人的權利能力

（一）**始期**

法人成立時。即於設立登記完畢時取得權利能力。

（二）**終期**

解散後清算終結時。換言之，若在清算程序進行中，仍視為存續（民法第40條第2項）。

（三）**法人權利能力的限制**

1.法令上的限制：即依法律或命令，法人不得享受權利或負擔義務。例如公司法第13條公司轉投資的限制規定，及同法第16條公司為保證的限制規定。

2.性質上的限制：凡專屬於自然人的權利義務，法人不得享有。例如身分權（親權、繼承權等）、某些人格權（生命權、身體權、自由權、健康權等）、以人的身體勞動為給付的財產權（退休金、撫卹金的請求權）。

二、法人的行為能力

法人於取得權利能力同時，即取得行為能力。法人的行為能力既然是以其權利能力為範圍，當然也受到法令上、性質上及目的上的限制。又董事為法人的代表，其所作的行為即等於法人的行為。

法人代表

行為 ＝ 法人的行為

董事

三、法人的責任能力

（一）公法人

1.公法行為依國家賠償法各相關規定負賠償責任。

2.私法行為：

(1)契約責任與私法人同。

(2)侵權責任：

①如屬代表機關的行為，則法人與該行為人（董事或有代表權的人）連帶負賠償責任。

②如為非代表機關的行為，則由僱用的法人與受僱的行為人連帶負損害賠償責任。

（二）私法人

1.契約責任

(1)如為代表機關的行為，此為法人自己的責任，該行為人因不是契約當事人，所以不負任何契約責任。

(2)如為非代表機關的行為，因法人對於履行輔助人（代理人或使用人）的故意或過失，與自己的故意或過失負同一責任，法人仍必須負契約責任。至於行為人因不是契約當事人，不負任何契約責任。

2.侵權責任

(1)如為代表機關的行為，法人與行為人連帶負賠償責任。

(2)如為非代表機關的行為，則由僱用的法人與受僱的行為人連帶負損害賠償責任。

例如董事甲代表法人與某公司洽訂契約時，乘機在某公司辦公室內竊取骨董一件。職員乙奉命收取貨款時，私自塗改賬

單，浮收貨款10,000元。則法人及董事甲、職員乙應負何種賠償責任？

按法人是否有責任能力（又稱侵權行為能力），應為肯定。董事既然為法人的機關，則董事因執行職務所作的侵權行為，即為法人的侵權行為。申言之，法人對於其董事或其他有代表權的人因執行職務所加於他人的損害，與該行為人連帶負賠償的責任。其要件有二：

一、必須為董事或其他有代表權人的行為：所謂「其他有代表權人」，是指民法第188條以外具有法人代表權的職員，例如董事、清算人、重整人等。

二、必須為執行職務的行為：董事或其他有代表權人在執行職務範圍內代表法人，超出執行職務範圍的個人行為，則法人不負責任。是否為執行職務的行為，是以行為的外觀足以認定為職務行為，或與其內部有相當牽連關係的行為加以判斷。

董事甲趁洽訂契約時的機會竊取骨董，雖然竊盜的行為非屬執行職務的行為，但從竊盜行為與其職務行為有所牽連來看，法人亦應負責。而董事甲故意不法侵害他人的權利，自應負侵權行為損害賠償責任（民法第184條第1項前段）。

職員乙奉命收取貨款時，私自塗改賬單，浮收貨款10,000元，也是屬於故意不法侵害他人的權利，應成立民法第184條的侵權行為責任。至於法人的責任部分，因乙非屬有代表權的人，而是民法第188條所謂之受僱人，故法人如能證明選任乙並監督其職務的執行並無過失，或縱加以相當的監督仍不免損害發生者，自可免責。

法人的組織

一、社團法人的組織

（一）社員

　　為社團法人的組成份子，具有表決權、自行召集總會權、請求對總會決議撤銷或宣告無效之權、利益分配請求權及膽餘財產分配請求權等。

（二）總會

　　為社團的最高意思機關，由全體社員組成。

1.總會的召集

　　由董事召集，每年至少召集一次。董事不召集時，監察人得以召集之。又如有全體社員十分之一以上的請求，表明會議目的及召集理由，請求召集時，董事應召集之。董事受前項請求後，1個月內不為召集者，得由請求的社員經法院的許可召集之。總會的召集，除章程另有規定外，應於30日前對各社員發出通知。通知內容應載明會議目的事項（民法第51條）。

2.總會的權限

　　法人的一切事務，除法律或章程另有規定外，總會均有決議的權限，例如（民法第50條第2項）：

　　(1)變更章程。

　　(2)任免董事及監察人。

　　(3)監督董事職務及監察人的執行。

　　(4)開除社員。但以有正當理由時為限。

3.總會的決議

社員有平等的表決權。除章程另有限制外，社員可以將表決權經書面授權他人代理為之，但一人僅得代理社員一人。再者，社員對於總會決議事項，因自身利害關係而有損害社團利益之虞時，該社員不得加入表決，也不得代理他人行使表決權（民法第52條第2、3、4項）。

總會決議的方式有二：

(1)普通決議：以出席社員過半數的決議（民法第52條第1項）。

(2)特別決議：

①變更章程的決議：應有全體社員過半數的出席，出席社員四分之三以上的同意，或有全體社員三分之二以上書面的同意（民法第53條第1項）。

②解散社團的決議：應有全體社員三分之二以上的表決（民法第57條）。

4.決議的效力

(1)程序違法：總會的召集程序或決議方法違反法令或章程時，社員得於決議後3個月內請求法院撤銷其決議。但出席社員對召集程序或決議方法，未當場表示異議者不在此限（民法第56條第1項）。

(2)實質違法：總會決議的內容違反法令或章程者，無效（民法第56條第2項）。

法人的消滅

一、消滅的原因

（一）共同的解散原因

1.章程所定解散事由的發生，例如存續期間屆滿。

2.宣告解散：法人的目的或其行為，有違反法律、公共秩序或善良風俗者，法院得因主管機關、檢察官或利害關係人的聲請，宣告解散（民法第36條）。

3.撤銷許可：法人違反設立許可的條件，主管機關得撤銷其許可（民法第34條）。

4.破產宣告：法人的財產不能清償債務時，董事應即向法院聲請破產（民法第35條第1項）。

（二）特殊的解散原因

1.社團：凡有社員三分之二以上決議，得隨時解散之（民法第57條）。又社團事務無法依章程所定進行時，法院得因主管機關、檢察官或利害關係人的聲請解散之（民法第58條）。

2.財團：因情事變更，致財團的目的不能達到時，主管機關得以斟酌捐助人的意思，變更其目的及其必要組織或解散之（民法第65條）。

清算的程序除民法有規定外，準用股份有限公司清算的規定（民法第41條），並受法院監督。又法人至清算終結為止，在清算的必要範圍內，視為存續（民法第40條第2項）。

二、辦理解散登記

三、剩餘財產的歸屬

　　法人解散後，除法律另有規定外，於清償債務後，其剩餘財產歸屬，應依其章程的規定，或總會的決議。但以公益為目的的法人解散時，其剩餘財產不得歸屬於自然人或以營利為目的的團體。如無前開法律或章程的規定或總會的決議時，其剩餘財產歸屬於法人住所所在地的地方自治團體（民法第44條）。

 # 外國法人

一、意義

　　指依外國法律成立的法人。至於設立人是否為外國人，則非所問。

二、外國法人的認許

　　是指承認外國法人在我國亦為法人。外國法人在我國必須經認許程序始得享受權利、分擔義務（民法總則施行法第11條）。

（一）經認許的外國法人

　　於法令限制內與同種類的我國法人有同樣的權利能力；服

從我國法律的義務，也與我國法人同（民法總則施行法第12條）。

（二）未經認許的外國法人

如以法人名義與他人行法律行為時，其行為人就該法律行為應與該外國法人負連帶責任（民法總則施行法第15條）。

三、外國法人的登記與撤銷

外國法人在我國設事務所者，準用我國法人有關設立及登記等規定，即應經目的事業主管機關的許可，並向法院完成登記（民法總則施行法第13條）。外國法人經認許者，便得以在我國執行其目的事業，但其目的或行為，有違反法律、公共秩序或善良風俗者，法院得因主管機關、檢察官或利害關係人的請求，撤銷其事務所（民法總則施行法第14條）。

 參考法條

1. 民法第28條：法人對於其董事或其他有代表權之人因執行職務所加於他人之損害，與該行為人連帶負賠償之責任。
2. 民法第30條：法人非經向主管機關登記，不得成立。
3. 民法第31條：法人登記後，有應登記之事項，而不登記，或已登記之事項有變更而不為變更之登記者，不得以其事項對抗第三人。
4. 民法第46條：以公益為目的之社團，於登記前，應得主管機關之許可。

5. 民法第59條：財團於登記前，應得主管機關之許可。

6. 民法第188條：受僱人因執行職務，不法侵害他人之權利者，由僱用人與行為人連帶負損害賠償責任。但選任受僱人及監督其職務之執行已盡相當之注意或縱加以相當之注意而仍不免發生損害者，僱用人不負賠償責任。

   如被害人依前項但書之規定，不能受損害賠償時，法院因其聲請，得斟酌僱用人與被害人之經濟狀況，令僱用人為全部或一部之損害賠償。

   僱用人賠償損害時，對於為侵權行為之受僱人，有求償權。

7. 民法第224條：債務人之代理人或使用人，關於債之履行有故意或過失時，債務人應與自己之故意或過失，負同一責任。但當事人另有訂定者，不在此限。

8. 非訟事件法第84條：法人設立之登記，除依民法第48條第2項及第61條第2項規定辦理外，並應附具下列文件：

   一、主管機關許可或核准之文件。

   二、董事資格之證明文件。設有監察人者，其資格之證明文件。

   三、社員名簿或財產目錄，並其所有人名義為法人籌備處之財產證明文件。

   四、法人及其董事之簽名式或印鑑。

   法人辦理分事務所之登記時，應附具下列文件：

   一、主管機關許可或核准之文件。

   二、分事務所負責人資格之證明文件。

   三、分事務所及其負責人之簽名式或印鑑。

4 權利客體──物

物的意義

除人的身體以外，凡能被人力所支配，獨立滿足人類社會生活的有體物或無體物。其要件如下：

一、不包括人的身體

在古代，人可作為買賣的標的，例如奴隸的買賣。今日則認為人是權利的主體，並非權利的客體，所以人的身體不是法律上所稱的「物」。人的身體除肉體外，尚包括以人工方式裝填的部分，例如假牙、義肢。

那麼買賣身體上尚未分離的某一部分，如賣血、頭髮，其契約是否有效呢？

以分離身體的一部分為標的的契約是否有效，應視其是否違背公序良俗而定。又是否違背公序良俗，則以是否危害身體健康為準。賣血、頭髮因在不危害健康的前提下，所以可認定其契約有效。

又本人於生前簽訂器官捐贈（例如眼角膜、腎臟），或死後其繼承人將其器官捐贈他人，是否有效？

（一）以分離人體器官之一為標的的契約，若不違背公序良俗者，有效。但以不危害生命安全或嚴重影響人體健康者為限，不問有償或無償。

（二）人體器官捐贈是否違背公序良俗，目前有人體器官移植條例（以下簡稱移植條例）加以規範。此又分成生前捐贈與死後捐贈。

1.生前捐贈的要件如下（移植條例第8條）：

(1)捐贈器官者必須為成年人，並應出具書面同意及其最近親屬二人以上的書面證明。

(2)摘取器官須注意捐贈者之生命安全，並以移植於其五親等以內之血親或配偶為限。

2.死後捐贈的要件如下（移植條例第4、6、7條）：

(1)醫師自屍體摘取器官施行移植手術，必須在器官捐贈者經其診治醫師判定病人死亡後為之。

(2)合於下列情形之一者：

①死者生前以書面或遺囑同意者。

②死者最近親屬以書面同意者。

③死者生前為捐贈的意思表示，經醫師二人以上的書面證明者。但死者身分不明或其最近親屬不同意者，不適用之。

(3)非病死或可疑為非病死的屍體，若未經依法相驗的程序，認為無繼續勘驗的必要者，不得摘取其器官。但非病死的原因，診治醫師認定顯與摘取的器官無涉，且經依法相驗後，將延誤摘取時機者，經檢察官及最近親屬書面同意，得以摘取之。

二、必須為人所能支配。

三、必須獨立為一體，能滿足人類社會生活需要。

四、不以有體性為必要。

〔判例〕

・**18上字第1745號**

以人身為抵押標的之契約根本不生效力，即不得據以責令相對人負交人之義務。

〔法律小辭典〕融通物、消費物、非消費物、代替物、
　　　　　　　不可代替物

　　融通物：得為私法上交易行為的客體。

　　不融通物：不得為私法上交易行為的客體，既然禁止交易，其交易行為無效。例如公有物、公用物、違禁物品、古物等。

　　消費物：依物的性質，使用一次即歸消耗，不能再用於同一目的之物。例如鹽、油、米、酒等。

　　非消費物：依物的性質，可以同一目的多次使用之物。例如衣服、家電用品等。

　　代替物：在交易上得以種類、品質、數量相同之物互相代替者。例如金錢、米、麥等。

　　不可代替物：在交易上不得以種類、品質、數量相同之物互相代替者。例如房屋、土地等。

 # 如何區別動產及不動產？

一、不動產

　　所謂不動產，是指土地及其定著物（民法第66條第1項）。土地，包括地面及其一定的上空與地下。而定著物，是指繼續固定附著於土地，而未構成土地的一部分，例如房屋、橋樑、紀念碑等。至於附著情形已成為土地的一部分，例如隧道、地下道、馬路等，應視為土地的一部分。

二、定著物

定著物的認定標準有三：

（一）固定性：即非臨時敷設者。

（二）繼續性：即繼續附著於土地。

（三）獨立經濟性：即有一定經濟上的目的者。

不動產的出產物，尚未分離者，為該不動產的一部分（民法第66條第2項），例如果樹。

不動產以外的物，即為動產（民法第67條）。

三、區別不動產、動產的實益

以屋頂尚未完工的房屋為例，是否為民法所稱土地的定著物？買受此種房屋的人，是否必須辦理移轉登記，始能取得所有權？

不動產與動產的實益區別

	不動產	動產
移轉所有權的方式不同	交付＋登記	交付
是否需以書面為之	不動產的移轉或設定櫻以書面為之	動產的移轉毋需以書面為之
時效取得時間不同	10年或20年	5年或10年
善意取得依據不同	土地法第43條	民法第801條、948條
是否為先占客體	不得為先占客體	可為先占客體（民法第802條）
擔保物權種類不同	只可設定抵押權	可設定質權、成立留置權（某些動產可設定抵押權）

依民法第66條第1項所謂定著物，是指非土地的構成部分，繼續附著於土地，而達一定經濟上目的，不易移動其所在的物而言。屋頂尚未完全完工的房屋，其已足以避風雨，可達經濟上使用的目的，即屬土地的定著物。買受此種房屋的人，因是基於法律行為，自然須辦理移轉登記，始能取得所有權。

又尚未砍伐的檳榔、燈塔、夜市的小吃攤及公共電話亭，何者為不動產？何者為動產？

尚未砍伐的檳榔不是不動產，也不是動產，而是不動產的一部分。因其為土地的出產物，屬土地的一部分，不是獨立的物。

燈塔為不動產。通常固定在某一地方，即屬定著物。

如小吃攤係屬臨時性質，且未密切附著於土地，即不屬於定著物。

公共電話亭因可隨意移動，所以不是定著物。

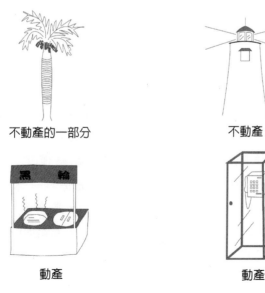

不動產的一部分　　　　　不動產

動產　　　　　　　　動產

〔大法官會議解釋〕

· 釋字第93號

解釋文：輕便軌道除係臨時敷設者外，凡繼續附著於土地
而達其一定經濟上之目的者，應認為不動產。

〔判例〕

· 70台上字第2221號

　　系爭房屋原計畫蓋建二樓，而建築之程度，二樓結構業已完成，僅門窗尚未裝設及內部裝潢尚未完成，此項尚未完全竣工之房屋，已足避風雨，可達經濟上之使用目的，即成為獨立不動產。上訴人向被上訴人買受系爭房屋，依民法第758條規定，自須辦理所有權移轉登記手續，始能取得系爭房屋之所有權，不能以行政上變更起造人名義之方式，取得系爭房屋之所有權。

〔判決〕

· 74台上字第1833號判決

　　民法第66條第1項所謂定著物，係指非土地之構成部分，繼續附著於土地，而達一定經濟上目的，不易移動其所在，依社會觀念視為獨立之物而言。本件系爭二棟三層樓房，依土地登記簿之記載以觀，係每棟各自登記一所有權，執行法院於執行查封時，該房屋雖僅建築至一、二層，第三層則尚在建築中，執行法院係以「未完成RC造三層樓房店舖住宅」為執行標的物。如果系爭房屋於設計之初，即係以「三層樓房」之型式為獨立之物而建造，則嗣後繼續完成之部分，依附合之法則，當為查封效力之所及。

・76台上字第2346號判決

　　訟爭水井附著於訟爭養魚池內。該養魚池係以水泥鋼筋圍築而成之堅固物體，有固定性、永久性，費資頗鉅。在社會觀念上有獨立供人養魚使用之經濟效益，核與民法第66條第1項規定之不動產，及司法院大法官會議釋字第93號解釋，尚無不符。

 主物及從物的區別

一、區別的標準

　　以物是否具有獨立的經濟效用或只有附屬的效用為準。

（一）主物

　　具有主要且獨立的經濟效用的物。

（二）從物

　　非主物的成分，但具常助主物的效用，同屬於一人所有，且交易上無特別習慣的物（民法第68條第1項）。

　　申言之，必須具備下列四個要素：

1.非主物的成分（獨立性）

　　即從物仍屬於獨立的物，例如門鎖、日光燈不是門、房屋的成分，具有獨立性。而抽屜、輪胎對於桌子、車子，因不具獨立性，而為主物的成分，不是從物。

2.具常助主物的效用（主從性）

　　非暫時性地補助主物的經濟效用，而是恆具有功能性的關

連，例如前例中的門鎖、日光燈有助於門、房屋的效用。至於冷氣機、洗衣機，因不是有必要性，欠缺主從性，即為非從物。

3.同屬一人（同一性）

如分屬不同的人，縱然有前兩項要素，仍非從物。

4.必須交易上無特別習慣

習慣具有優先性，例如裝瓦斯的瓦斯桶、商店中掛衣服的衣架。

從物必須具備的四個要素

	非主物的成分（獨立性） 即從物乃屬於獨立的物，如門鎖、日光燈不是門、房屋的成分。
	具常助主物的效用（主從性） 非暫時性地輔助主物的經濟效用，而是恆具有功能性的關聯。如門鎖及門。
	同屬一人（同一性） 必須為一人所有，如分屬不同的人，便不為從物。
	必須交易上無特別習慣 因習慣具有優先性，如裝瓦斯的瓦斯桶、商店中掛衣服的衣架。

二、區別的實益

主物的處分，效力及於從物（民法第68條第2項）。但有特別約定，則為例外。

 孳息的種類及歸屬

一、孳息的種類

（一）天然孳息

即果實、動物的產物，及其他依物的用法所收穫的出產物。所稱「依物的用法所收穫的出產物」，例如礦山所產之礦石。

（二）法定孳息

即利息、租金及其他因法律關係所得的收益。此收益須以原本（不以物為限）供他人利用而取得的對價，例如公司股東所得的紅利。

〔法律小辭典〕原物與孳息

原物：發生孳息的標的物或法律關係。

孳息：因原物所獲得產物或收益。

二、孳息的歸屬

誰有權利收取孳息？立法上有兩種主義：

1.原物主義：原物屬誰，誰就有權利取得孳息，但法律另有規定由他人取得時，雖非原物所有人，亦有收取權，例如地上權人、承租人。

2.生產主義：生產的人有權取得孳息。我國民法原則上採原物主義，如非原物所有人，無收取權，雖然孳息為其培養，亦無法取得。例如甲在乙所有的土地上私自種植果樹，果實當然屬於乙所有。

（一）天然孳息的歸屬

屬於有收取權利的人，並於其權利存續期間內，取得與原物分離的孳息。收取權人的範圍如下：

1.所有權人。

2.其他權利人：例如地上權人（民法第832條）、永佃權人（民法第842條）、質權人（民法第889條）、留置權人（民法第933條準用第889條）等。

3.財產管理人：例如父母（民法第1088條第2項）等。

4.善意占有人（民法第952條）。

（二）法定孳息的歸屬

屬於有收取權利的人，並按其權利存續期間內的日數，取得其孳息（民法第70條第2項）。例如出租人（租賃契約）、貸與人（消費借貸契約）等。

參考法條

1. 民法第69條：稱天然孳息者，謂果實、動物之產物，及其他依物之用法所收穫之出產物。

   稱法定孳息者，謂利息、租金及其他因法律關係所得之收益。

2. 民法第70條：有收取天然孳息權利之人，其權利存續期間內，取得與原物分離之孳息。

   有收取法定孳息權利之人，按其權利存續期間內之日數，取得其孳息。

5 法律行為

法律行為的意義

　　以發生一定私法上效果為目的的意思表示。而意思表示是指，行為人欲發生一定私法上的效果，而將其意思表示於外的行為。

〔法律小辭典〕意思通知與觀念通知

　　意思通知：行為人僅將其意思表達於外，而其法律效果則由法律明文規定。例如限制行為人未得到法定代理人允許所訂立之契約，則契約相對人必須定1個月以上的期限，經「催告」法定代理人，以確定其是否承認（民法第80條第1項）。

　　觀念通知：行為人將其對於某一事件的觀念表達於外，且透過法律的規定產生一定的效果。例如承諾的通知，按其傳達方法，依通常情形在相當時期內可達到而遲到者，則要約人應向相對人發出遲到的通知（民法第159條前段）。

一、法律行為的種類

（一）因法律和爲當事人的不同，可區分爲

1.單獨行為

由當事人一方的意思表示而成立的行為。有相對人者，例如債務的免除、抵銷；無相對人者，例如物的拋棄。

2.契約行為

由雙方相互意思表示一致而成立的行為。例如買賣、租賃行為。

3.合同行為

由多數平均意思表示一致而成立的行為。例如社團的決議。

契約行為　　　　　　　　　合同行為

（二）因法律行爲所生法律效果的不同，可區分爲

1.財產行為

(1)債權行為：發生債權關係變動效果的行為。例如買賣、借貸行為。

(2)物權行為：發生物權關係變動效果的行為。例如動產物權的讓與、抵押權的設定。

債權行為　　　　　　　　物權行為

2.身分行為

(1)親屬行為：發生親屬關係變動效果的行為。例如結婚、認領。

(2)繼承行為：發生繼承關係變動效果的行為。例如繼承的拋棄。

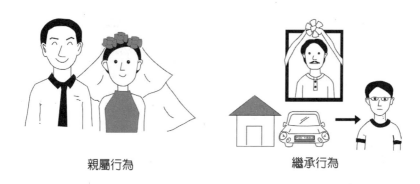

親屬行為　　　　　　　　繼承行為

（三）法律行為是否以履行一定方式為要件，可區分為

1.要式行為：必須依一定方式始能成立的行為。例如結婚屬以書面為之，有二人以上證人的簽名，並屬由雙方當事人向戶政機關為結婚的登記（民法第982條）。

2.不要式行為：不須履行一定方式即可成立的行為。法律行為除法律另有規定或當事人另有約定外，以不要式為原則。

（四）法律行為是否以物的交付為要件，可區分為

1.要物行為：除意思表示外，以物的交付為成立要件的行為。例如寄託、借貸。

2.諾成行為：僅因意思表示而成立的行為。債權行為原則上是諾成行為。

要物行為　　　　　　　　　　　　諾成行為

（五）法律行為基於其行為的給付是否取得對待利益，可區分為

1.有償行為：指一方當事人實行財產上的給付，而取得對待利益的行為。例如買賣、租賃。

2.無償行為：指一方當事人實行財產上的給付，而不取得對待利益的行為。例如使用借貸、贈與。

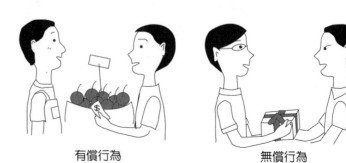

有償行為　　　　　　　　　　　　無償行為

（六）法律行為是否以原因的存在為要件，可區分為

1.要因行為：即當事人給付的標的，須有法律上的原因，始能成立生效的行為。債權行為原則上為要因行為。

2.不要因行為：當事人給付的標的，雖欠缺法律上的原因，亦可成立生效。例如物權行為。

（七）法律行為是否獨立存在為要件，可區分為

1.主行為：能單獨成立的法律行為。

2.從行為：指以其他法律行為的成立，作為其成立前提的法律行為。例如保證契約以主債權契約存在為前提。

（八）依法律行為發生效力時間的不同，可區分為

1.生前行為：指行為人生存時即可發生效力的行為。例如買賣、借貸等。

2.死後行為：指因行為人死亡而發生效力的行為。例如遺囑。

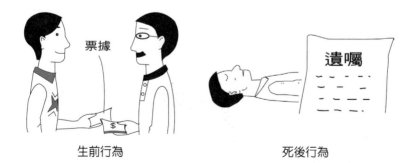

生前行為　　　　　　　　　　死後行為

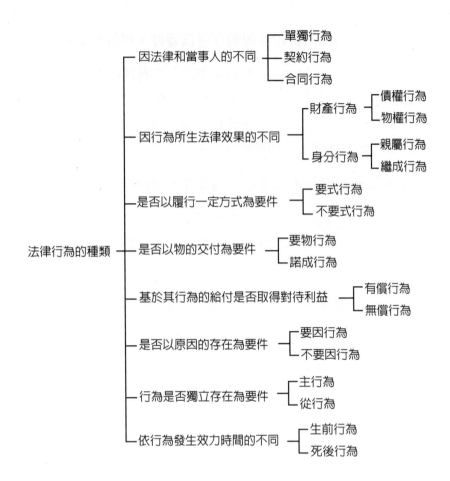

二、法律行為的方式

法律行為，原則上不需一定方式，採「方式自由原則」。通常法律行為的方式可分為：

（一）法定方式

即法律上不需一定方式。例如密封遺囑，除應於遺囑上簽名外。尚需將遺囑密封，於封縫處簽名（民法第1192條第1項

前段）。又法律行為不依法定方式者，無效。但法律另有規定者，不在此限（民法第73條）。基此，密封遺囑未密封者為無效，但如係遺囑人自書者，有自書遺囑的效力（民法第1193條）。

（二）約定方式

當事人對於法律行為約定必須用一定方式者。在該方式未完成前，推定其契約不成立（民法第166條）。

三、法律行為的標的

法律行為的標的即法律行為的內容。

（一）標的必須可能

即法律行為的內容可以實現。如契約標的自始客觀不能者，無效（民法第246條第1項本文）。

1.標的不能的情形

(1)自始不能與嗣後不能：前者是指法律行為成立時即屬不能者，例如買賣的狗於契約成立時已死亡。後者是指法律行為成立後始成為不能者，例如狗於買賣契約成立後才死亡。

(2)主觀不能與客觀不能：前者是因當事人個人的事由而不能者，例如無駕駛執照而受僱為司機。後者是指一般人皆不能者，但不能限於物理上的絕對不能，依社會的觀念可認為確定不能者即屬之，例如海底撈針。

(3)全部不能與一部分不能：前者是指法律行為的內容全部為不能的情形，後者僅一部分為不能。一部分不能時，原則上全部無效，但除去該部分亦可成立者，則其他部分仍為有效

（民法第111條）。

2.例外情形

(1)不能的情形可以除去，而當事人於訂約時並預期於不能的情形除去後為給付者，仍為有效（民法第246條第1項但書）。

(2)附停止條件或始期的法律行為，於條件成就或期限屆至前，不能的情形已除去者，仍為有效（民法第246條第2項）。

(3)數宗給付中，有自始不能或嗣後不能給付者，債的關係僅存在於餘存的給付。但不能的事由，應由無選擇權的當事人負責者，不在此限（民法第211條）。

（二）標的必須確定

即法律行為的內容，於其成立時，須已確定，或可得確定（得依法律的規定、當事人的意思、依習慣、或其他情事而為確定）。

（三）標的必須適法

即法律行為的內容必須不違法。有下列情形即屬合法：

1.不違背強制或禁止的規定：例如自由不得拋棄（民法第17條第1項）。否則，法律行為違反強制或禁止的規定者，無效。但其規定並不以之為無效者，不在此限。

2.不違背公共秩序或善良風俗：

(1)「公共秩序」是指國家的一般利益，國家立國精神與基本國策的具體表現。例如金融機關以定型化契約條款免除抽象輕過失責任，違反訂約雙方之平等地位；以附合契約方式約定以婦女結婚為雇傭契約解除條件的約定條款，違反憲法男女平等及工作權，結婚自由的保障。

法律行為不得違背限制或
禁止的規定，如拋棄自由

法律行為不得違背公共秩序
及善良風俗，如約定婦女生
產即解僱的條款

（2）「善良風俗」是指社會的倫理道德觀念。例如預立離婚
契約、斷絕親子關係的約定等。

〔判例〕

·46台上字第1068號

上訴人與被上訴人均為某甲之養子，於養父母健在時
預立分管合約為財產之瓜分，載明該約俟父百年始後生效
力，固堪認係以某甲死亡之日為契約發生效力之始期之法
律行為，然兩造對於其父之財產不待其父自行贈與，或於
壽終後再行協議分析，乃急不暇擇，於父生前預行訂約剝
奪母之應繼分，此項矇父欺母而訂立之契約，衡諸我國崇
尚孝悌之善良風俗，既屬有違，依民法第72條，該契約即
在無效之列。

·50台上字第2596號

夫妻間為恐一方於日後或有虐待或侮辱他方情事，而
預立離婚契約者，其契約即與善良風俗有背，依民法第72
條應在無效之列。

〔判決〕

‧83台上字第1530號判決

按民法第72條所謂法律行為有背於公共秩序或善良風俗者無效，乃指法律行為本身違反國家社會一般利益及道德觀念而言。而法律行為是否違反公序良俗，則應就法律行為之內容，附隨情況，以及當事人之動機、目的及其他相關因素綜合判斷之。

如甲銀行與存款人已約定乙以印鑑留存於甲，即使乙的印章被他人盜用或偽造使用，如果甲認為與印鑑相符，乙必須負一切責任。則此約定是否有效呢？

依前所述甲種活期存款戶與金融機關的關係，為消費寄託與委任之混合契約。第三人盜蓋存款戶在金融機關留存印鑑的印章而偽造支票，向金融機關支領款項，除金融機關明知其為盜蓋印章而仍予付款的情形外，其憑留存印鑑的印文而付款，與委任意旨並無違背，金融機關應不負損害賠償責任。

若第三人偽造存款戶該印章蓋於支票，持之向金融機關支領款項，金融機關如已盡其善良管理人之注意義務，仍不能辨認蓋於支票上的印章係偽造時，即不能認為其處理委任事務有過失，金融機關因而不負損害賠償責任。

金融機關執業人員是否有未盡善良管理人注意的義務，應就個案認定。至於金融機關如以定型化契約約定其不負善良管理人注意的義務，免除其抽象的輕過失責任，則應認定此項特約違背公共秩序，而解為無效。

又如甲女受僱農會時，預立於任職中結婚即辭職的辭職書，其效力如何？

按甲女受僱農會之初，如因農會的要求，必須預立於任職

中結婚即辭職的辭職書，則該辭職書的訂立，可認為具有「附合契約」的性質，非當然具有其所約定的效力，所以仍應就約定的內容為具體衡量，以定其效力的有無。查中華民國人民無分男女，在法律上一律平等，為憲法第7條所明定，又人民的工作權及其他自由、權利也受憲法所保障（憲法第15條、第22條）；雇主要求女性受雇人預立於任職中結婚即辭職的辭職書，不僅破壞憲法保障男女平等的原則，並且限制了人民的工作權及有關結婚的基本自由及權利，該結婚即辭職的約定，可認為違背我國的公序良俗，依民法第72條的規定，應屬無效。

非顯失公平：即需非暴利行為，例如法律行為是乘他人急迫、輕率或無經驗，使其作財產上的給付，或作給付的約定，依當時情形，顯失公平者，法院得以因利害關係人的聲請，撤銷其法律行為，或減輕其給付（民法第74條）。

脫法行為：即不直接違反強制或禁止的規定，而以迂迴方法，產生與該項規定的禁止者同一效果的行為。例如公司提供財產為他人設立擔保物權，實質上乃是違反公司法第16條第1項公司不得為任何保證人的規定，是屬脫法行為。

射倖行為：即投機取巧的行為，例如賭博。

法律行為的成立要件與生效要件

一、成立要件

（一）一般成立要件

指一切法律行為所共通必須具備的要件，包括當事人、意

思表示、標的三者，缺一不可。

　　1.當事人：包括自然人及法人。

　　2.意思表示：表意人將其期望發生一定私法上效果的意思，表示於外部的行為。

　　(1)表示方法：有明示及默示兩種。至於單純沈默，原則上不是意思表示，但如果當事人有約定，例如雙方當事人約定七日內不退貨，即視為同意；或法律有擬制視為同意、視為不同意的規定，例如租賃期限屆滿後，承租人仍為租賃物的使用收益，而出租人不即時表示反對的意思，即視為以不定期限繼續契約（民法第451條）。又如法定代理人在1個月催告期限內不作確答者，即視為拒絕承認（民法第80條第2項），則為例外。

　　(2)生效時期：因有無相對人而不同。

　　①無相對人的意思表示：在意思表示成立時，即同時發生效力。但法律有特別規定者，則屬例外，例如遺囑自遺囑人死亡時發生效力（民法第1199條）。

　　②有相對人的意思表示：

　　a.對話的意思表示：如以口頭、電話、旗語等方式，將意思表示傳達給相對人，不問其距離遠近。若以書信傳達，即使是坐於鄰座，也不是對話人，此意思表示，仍以相對人了解時發生效力。所謂「了解」，以可能了解為已足，相對人故意掩耳不聽或一時疏忽而不了解時，其意思表示仍然生效；但相對人如在客觀上有不能了解的障礙時，例如對於聾者作意思表示，則以實際了解為必要。

　　b.非對話的意思表示：如以書信、傳真或委託人代為傳達，其意思表示在通知到達相對人時，發生效力。所謂到達，是指意思表示已進入相對人可能支配的範圍，置於相對人隨時

可了解其內容的客觀狀態而言。如相對人無正當理由而拒絕受領，或因出國旅遊而未受領拆開，均不影響到達的效力。又意思表示既因到達而生效，如欲撤回，其撤回的通知必須同時或早一步到達，始生撤回的效力。此外，表意人在發出通知後死亡或喪失行為能力，或其行為能力受限制者，因到達是意思表示的生效要件，而不是成立要件，所以其意思表示並不因此而失效。如果表意人不是因自己的過失，而不知相對人的姓名、居所者，則可依民事訴訟公示送達的規定，向該管法院聲請以公示送達作意思表示的通知。

(3)意思表示的解釋：當事人所作的意思表示，常常有欠明瞭，必須予以確定，才能知其在法律上的效果。解釋意思表示，應探求當事人的真正意思，不得拘泥於所用的辭句（民法第98條）。其解釋的標準，除應依立約時的事實、過去事實一切證據資料外，尚須斟酌習慣、誠信原則或法理。

不論遠近，以口頭、電話、旗語等方式，將意思表示傳達給相對人，而相對人了解時，即發生效力。

以書信、傳真、E-mail或委託人代為傳達，其意思表示在通知到達相對人時，即發生效力。

3.標的（詳見前述「三、法律行為的標的」部分）。

（二）特別成立要件

指各種法律行為中所特有的成立要件。依現行法規定有二：

1.要式

(1)依當事人約定：在該約定的方式未完成前，推定其契約不成立。

(2)依法律規定：不依法定方式者，無效（民法第73條本文）。但有例外，例如不動產的租賃契約，其期限逾一年者，應以字據訂立，未以字據訂立者，契約並非無效，而是視為不定期限的租賃（民法第422條）。

依民法的規定，法定要式的種類有四：

①書面：例如設立社團、財團應訂立章程（民法第47條、第60條第1項）、不動產物權的移轉或設定（民法第758條第2項）、夫妻財產制契約的訂立、變更或廢止（民法第1007條）等。

②書面及二人以上證人簽名並應向戶政機關為離婚的登記：例如夫妻二人離婚（民法第1050條）。

③以書面向法院、因其拋棄而應為繼承的人：例如拋棄繼承（民法第1174條）。

④公開儀式及二人以上證人簽名，並屬由雙方當事人向戶政機關為結婚的登記：例如結婚（民法第982條）。

2.要物

以標的物的交付為特別成立要件。例如定金契約（民法第248條）、寄託契約（民法第589條）等。

二、生效要件

（一）一般生效要件

即一般法律行為發生效力均必須具有的要件。

1.當事人必須有權利能力及行為能力。

2.意思表示必須健全而無瑕疵。

3.標的必須適當（可能、確定及適法）。

欠缺以上要件時，任何法律行為均不能發生效力。

（二）特別生效要件

即某種法律行為發生效力應具備的特別要件，例如遺囑因遺囑人死亡而生效。

1.附條件的行為

(1)條件的種類：

①停止條件：這是關於法律行為效力發生與否的條件。附停止條件的法律行為，在條件成就時即發生效力（民法第99條第1項）。不成就時，則不生效力。例如父子二人約定，如果兒子考上大學，父親即贈送電腦一台。此「考上大學」的事實，即為停止條件，贈與契約訂立時尚未生效，必須等待將來不確定的事實——考上大學，才發生效力。相反地，如果未考上大學，則停止條件不成就，贈與契約即不生效力。

②解除條件：為關於法律行為效力消滅與否的條件。附解除條件的法律行為，在條件成就時，即失去其效力（民法第99條第2項）。不成就時，效力繼續存在。例如甲、乙二人約定，甲將房屋借乙居住，但如甲兒子結婚即收回作為新居，則「甲兒子結婚」的事實，即為解除條件；如果「甲兒子結婚」的事實成就，則使用借貸契約即歸於無效。相反地，若「甲兒子結婚」的解除條件不成就，該契約便仍繼續有效。

父親告訴兒子說：「考上台大就送電腦。」則「考上台大之事實」即為停止條件。

甲將房子租於乙，約定於甲的兒子結婚時即收回房子，則「甲兒子結婚」為解除條件。

〔法律小辭典〕條件及法律行為附款

　　條件：法律行為效力的發生或消滅繫於將來客觀上成就與否不確定的事實的附款。

　　法律行為附款：依當事人的意思表示，對於法律行為的效力予以影響或限制的約款。

　　(2)附條件法律行為的效力：

　　①條件成就時的效力：附停止條件的法律行為，在條件成就時發生效力。附解除條件的法律行為，在條件成就時失其效力。但當事人可特別約定，使條件成就的效果，不在條件成就時發生（民法第99條第3項）。例如甲、乙二人約定，在乙考上大學一年後，才買電腦送他。

　　②條件成就前的效力：條件成否未定前，當事人已有取得權利的希望，學說上稱為期待權。因此，附條件的法律行為當事人，於條件成否未定前，若有損害相對人因條件成就應得利益的行為者，負損害賠償的責任（民法第100條）。

　　③條件不成就的效力：停止條件不成就時，其法律行為確定不生效力；解除條件不成就時，其法律行為繼續生效。

④條件成就的擬制：即條件內容的事實已實現。因條件成就而必須付出利益的當事人，如以不正當行為，阻止其條件成就者，視為條件已成就（民法第101條第1項）。例如甲、乙二人約定，於乙考上大學，即送電腦一台，而甲於乙考試前夕，故意將其準考證撕毀，使乙無法參加考試，此甲阻止其條件成就，則應視為乙考上大學。

⑤條件不成就的擬制：即條件內容的事實確定不實現。因條件成就而受利益的當事人，如以不正當行為促其條件成就者，視為條件不成就（民法第101條第2項）。例如甲、乙二人約定，乙英文考一百分，甲即請其看電影，但乙考試作弊得一百分，則仍應視條件不成就。

(3)不得附條件的法律行為：其情形有二。

①法律明文禁止者：某些法律行為若附加條件，則法律效果不易確定，進而影響交易秩序，因此法律明文規定禁止該法律行為附加條件。例如抵銷的意思表示附有條件或期限者，無效（民法第335條第2項）。

②法律行為性質上不許附條件者：有由於公益上的原因者，例如結婚、離婚等身分行為，如果附加條件，將有害於公序良俗；有由於私益上的原因，例如撤消權、解除權，如果附加條件，將使交易行為的法律關係不確定，妨害相對人的利益。

2.附期限的行為

〔法律小辭典〕期限

　期限是法律行為效力的發生或消滅，繫於將來確定到來事實的一種附款。

(1)期限的種類：

①始期：使法律行為發生效力的期限，在期限未到達前，法律行為雖然成立，但未發生效力。例如：甲將房屋出租給乙，約定自下個月一日起開始生效。

②終期：使法律行為喪失效力的期限。如前例中甲、乙約定租賃期間至西元2000年12月31日止。

(2)附期限法律行為的效力：

①始期屆至的效力：附始期的法律行為，在期限到達時，發生效力（民法第102條第1項）。所在附始期的法律行為成立後，在期限到達前，其效力尚未發生。

②終期屆滿的效力：附終期的法律行為，在期限屆滿時，失其效力（民法第102條第2項）。

③期限到來前的效力：附期限法律行為的當事人，在期限到來前，有將來可以取得權利的期待權。因此，附期限的法律行為，當事人在期限到來前，如果有損害相對人因期限到來所應得利益的行為者，應負賠償損害的責任（民法第102條第3項）。

(3)不許附期限的法律行為：

①在公益上必須即時確定發生效力的法律行為，不得附期限。例如結婚、認領等身分行為，均不可附期限。

②在私益上有溯及效力規定者，無附期限的實益。例如形成權、所有權讓與，在性質上不得附終期。

無行為能力人所作法律行為的效力

無行為能力人是指未滿7歲或受監護宣告，其法律行為的

效力如下：

　　一、無行為能力人的意思表示，無效（民法第75條前段）。其所為的法律行為也因而無效。至於其行為時實際上是否取得法定代理人的允許，對效力不發生影響。

　　二、無行為能力人為法律行為時，必須應用其法定代理人代為意思表示，並代受意思表示（民法第76條）。

　　三、雖有行為能力，但在無意識（例如催眠狀態、夢遊時）、精神錯亂中，因其無法認識其所作行為在法律上可能產生何種效果，所以其所作的意思表示也無效（民法第75條後段）。

限制行為能力人所為法律行為的效力

　　限制行為能力人是指7歲以上未滿20歲的未成年人及受輔助宣告的人。因為限制行為能力人的意思能力尚不周全，一方面為保護限制行為能力人，另一方面兼顧交易安全，在法律的規定上有待法定代理人或輔助人「補充」其行為能力的不足。

　　一、原則上，限制行為能力人為意思表示及受意思表示時，應得到法定代理人的允許（民法第77條前段）。

　　（一）所謂允許，是指事前同意。

　　（二）法定代理人的允許可分為兩種：

　　1.個別允許：即允許限制行為能力人為特定的法律行為。例如甲已18歲，其父母允許甲訂購電腦一台。

　　2.限定允許：即允許限制行為能力人就一定財產或就某種營業為法律行為。此情形有二：

　　(1)法定代理人允許處分財產的處分行為：法定代理人允許

限制行為能力人處分的財產，則限制行為能力人僅就該財產有處分的能力（民法第84條）。例如學費、零用金等。

(2)法定代理人允許獨立營業者：法定代理人允許限制行為能力人獨立營業者，則限制行為能力人關於其營業，有行為能力（民法第85條第1項）。此營業是指取得利益為目的的事業，不以商業為限。但為保護交易的安全，限制行為能力人就其營業有不勝任的情形時，法定代理人得將其允許撤銷或限制之，但不得對抗善意第三人（民法第85條第2項）。此項撤銷或限制僅可對將來發生效力。

（三）未得允許所作法律行為的效力：

1.單獨行為無效：單獨行為是指因一方的意思表示而發生效力，例如免除債務。所以限制行為能力人未得到法定代理人的允許，所作的單獨行為，無效（民法第78條）。

2.契約經承認而生效：所謂承認，是指事後同意。限制行為能力人未得到法定代理人的允許所訂立的契約，必須經法定代理人的承認，才能產生效力（民法第79條）。換言之，在未經承認前，其契約不生效力；惟一經承認，即溯及訂約時發生效力。又限制行為能力人在限制原因消滅後，承認其訂立的契約，此承認與法定代理人的承認有同一效力（民法第81條第1項）。為避免前面所指契約的效力長期處於不確定的狀態，並保護契約的相對人，民法特別賦予相對人下列兩種權利：

(1)催告權：即契約的相對人，得定1個月以上的期限，催告法定代理人或限制行為能力原因已消滅的人（如已年滿20歲），確答是否承認。如在期限內不作確答者，則視為拒絕承認（民法第80條、第81條第2項）。

(2)撤回權：限制行為能力人所訂立的契約，未經承認前，相對人得以撤回之。但訂立契約時知其未得到允許者，則不可

撤回（民法第82條）。

　　二、有下列情形，限制行為能力人為意思表示及受意思表示時，無需得到法定代理人的允許。

　　（一）純獲法律上利益：指單純取得權利、免除義務的法律行為，因為此種行為與限制行為能力人的利益無損，所以無需法定代理人的同意（民法第77條但書）。例如無負擔的贈與或接受債務的免除。又通常雙務契約因為有對價給付關係，即使限制行為能力人獲有利益，仍必須負給付對價的義務，所以，此情形不可稱為純獲法律上利益的行為。

　　（二）日常生活所必須者：指限制行為能力人，依其年齡及身分，日常生活所必須的行為，為避免繁瑣及過分拘束其生活自由，所以不需法定代理人的允許（民法第77條但書）。例如購買文具、理髮、購買飲料、便當等。其認定標準應依具體個案決定。

　　（三）使用詐術：限制行為能力人用詐術使人相信他是有行為能力人，或已得到法定代理人的允許，為保護相對人的利益，即認為其法律行為有效（民法第83條）。這不是指口頭聲明業已成年或已得法定代理人的允許，而是指使用具體詐欺手段，例如偽造身分證使人相信其已經成年。

(1)無負擔受贈（純獲法律上利益）(2)購買文具（日常生活所必須）(3)偽造身分證使人誤信其已成年（使用詐術）。以上限制行為能力人所為之意思表示及受意思表示時，可無需法定代理人的允許。

〔法律小辭典〕雙務契約

　　即當事人雙方互相負債的契約。雙方有「給付」與「對待給付」的對價關係。例如買賣契約中，出賣人有移轉財產權的義務，買受人有支付價金的義務，二者有對價關係。

　　三、原則上，受輔助宣告的人於為重要法律行為時，應經輔助人同意（民法第15條之2第1項）。

　　（一）重要法律行為包括：

　　1.為獨資、合夥營業或為法人的負責人。

　　2.為消費借貸、消費寄託、保證、贈與或信託。

　　3.為訴訟行為。

　　4.為和解、調解、調處或簽訂仲裁契約。

　　5.為不動產、船舶、航空器、汽車或其他重要財產的處分、設定負擔、買賣、租賃或借貸。

　　「其他重要財產」，是指其重要性與不動產、船舶、航空器或汽車相當的其他財產。有此「財產」，包括物權或權利在內，例如債權、物權及無體財產權均屬之。

　　6.為遺產分割、遺贈、拋棄繼承權或其他相關權利。

　　「其他相關權利」，是指與繼承相關的其他權利，例如受遺贈權、繼承回復請求權以及遺贈財產的扣減權等。

　　7.法院依聲請權人或輔助人的聲請，所指定的其他行為。

　　（二）前開重要法律行為未經輔助人同意，所為的單獨行為，無效。所訂立的契約，效力未定；即須經輔助人的承認，始生效力。契約相對人，得定一個月以上期限，催告輔助人，確答是否承認。於前項期限內，輔助人不為確答者，視為拒絕承認。又受輔助宣告的人於輔助宣告原因消滅後，承認其所訂

立的契約者，其承認與輔助人的承認，有同一效力。前開契約未經承認前，相對人得撤回之。但訂立契約時，知其未得有允許者，不在此限。此外，受輔助宣告的人用詐術使人信其為有行為能力人或已得輔助人的允許者，其法律行為為有效（民法第15條之2第2項，準用民法第78條至第83條）。

（三）輔助人同意受輔助宣告的人為獨資、合夥營業或為法人的負責人時，受輔助宣告的人關於其營業，有行為能力。若受輔助宣告的人就其營業有不勝任的情形時，輔助人得將其允許撤銷或限制之。但不得對抗善意第三人（民法第15條之2第3項，準用民法第85條）。

（四）如果前開重要法律行為的同意無損害受輔助宣告的人利益之虞，而輔助人

仍不為同意時，受輔助宣告的人得逕行聲請法院許可後為之（民法第15條之2第4項）。

四、受輔助宣告的人為前開重要法律行為以外的法律行為時，有行為能力，其效力不因其為受輔助宣告的人而受影響。

五、受輔助宣告的人純獲法律上利益，或依其年齡及身分、日常生活所必需者，毋需經輔助人的同意（民法第15條之2第1項但書）。

〔法律小辭典〕合夥、消費借貸、消費寄託、無體財產權

合夥：指謂二人以上互約出資以經營共同事業者。

消費借貸：指當事人一方移轉金錢或其他代替物的所有權於他方，而約定他方以種類、品質、數量相同的物返還的契約。

消費寄託：指寄託物為代替物時，如約定寄託物的所有權移轉於受寄人，則並由受寄人以種類、品質、數量相同的物返還。

無體財產權：即其保護客體並無一定之有形物體，純屬法律上抽象存在之概念，例如智慧財產權－專利權、著作權等。

意思表示不一致

是指表意人的真意與其表示與外部的意思不符而言。可分為故意不一致與表意不一致兩種。

一、故意不一致

指意思與表示不一致的情形為表意人所明知者，其情形有二。

（一）單獨虛偽意思表示

1.又稱為心中保留。即表意人不想被其意思表示所拘束，

而作的意思表示（民法第86條）。

2.單獨虛偽意思表示的效力：

(1)原則：有效（民法第86條本文）。

(2)例外：其情形為相對人所明知者，無效（民法第86條但書）。但身分行為的意思表示，應絕對尊重表意人的意思，如果不是財產行為的意思表示，必須考慮交易的安全及對相對人的保護。所以，有關身分行為的意思表示，如結婚、認領等，有心中保留時，不問相對人是否明知其非真意，均應視為無效。

贈與汽車

不知：贈與契約有效

明知：贈與契約無效

表意人
（單獨虛偽意思表示）

相對人

3.心中保留的意思表示，例如演員的對白、朋友間平日的玩笑等。

（二）通謀虛偽意思表示

1.即表意人與相對人通謀，所作之虛偽意思表示。

2.通謀虛偽意思表示的效力：

(1)原則：無效。

(2)例外：為保護信賴表示行為的第三人，不得以其無效對抗善意第三人。但如通謀虛偽意思表示中隱藏其他法律行為，即表示行為虛偽，而隱藏的才是真實意思，例如表示為買賣而實際為贈與，則買賣無效，贈與有效。隱藏行為的效力並不因

意思表示的隱藏，而歸於無效，其有效、無效應視其是否具備一般法律行為的有效要件決定之。隱藏行為如果具有他種法律行為的有效要件，則其行為仍為有效，並應適用該項法律行為的規定。

　　3.贈與契約是否有效，視其是否具備贈與的成立及生效要件。

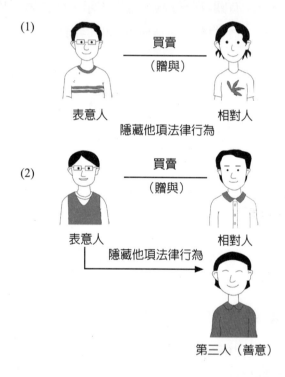

二、表意不一致（錯誤）

指意思與表示的不一致，非表意人所明知者而言。

（一）類型

1.表示內容錯誤。又可分為：

(1)法律行為性質的錯誤：例如甲本意將自己的屋子租予乙居住，卻表示借予乙居住。

表意（不一致）錯誤的類型

借你住 租	法律行為性質的錯誤 如甲原意為將房子租予乙，卻說成借給乙住。
? ?	當事人的錯誤 甲誤認乙為丙，而作出意思表示。
A B	標的物的錯誤 如誤將A書當成B書賣出。
	動機的錯誤 甲誤以為乙是乞丐，而捐錢給乙。
契約	表示行為錯誤 不知書面為買賣契約而在上面簽名。
池上米 蓬萊米	傳達錯誤 甲請乙告知丙購買池上米，乙誤聽而向丙表達要購買蓬萊米。

(2)當事人的錯誤：例如甲誤認乙為丙，而對乙作意思表示。

(3)標的物的錯誤：例如甲誤以為書為書而出售予乙。

(4)動機的錯誤：即當事人的資格或物的性質，若在交易上認為重要者，其錯誤視為意思表示內容的錯誤。例如甲誤以為乙為乞丐而捐款給乙、誤以為人工鑽為真鑽而購買。

2.表示行為錯誤：即表意人如果知其情事，即不會作意思表示者。例如甲不知某文件為買賣契約而在上面簽名。

3.傳達錯誤：即意思表示因傳達人或傳達機關傳達不實而產生的錯誤。例如甲請乙告知丙，欲購買池上米100斤，乙因誤聽而向丙表達欲購買蓬萊米100斤的意思。

（二）效力

1.表意人的撤銷權：意思表示有錯誤或意思表示傳達錯誤時，並非無效，僅可以由表意人將其意思撤銷之。一經撤銷即歸於無效。撤銷權的行使必須符合下列三個要件：

(1)該錯誤或不知事情，非由表意人自己的過失所致。

(2)當事人資格或物的性質，必須在交易上認為重要者。

(3)必須於意思表示後1年內（除斥期間）為之。

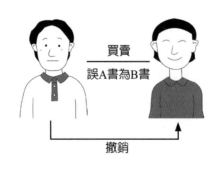

2.表意人的賠償義務：為保護交易安全，表意人對於相信其意思表示為有效而受損害的相對人或第三人，應負賠償責任。但其撤銷的原因，受害人明知或可得而知者，則受害人亦有過失，不得請求表意人賠償。

意思表示不自由

指表意人所為意思表示，非出於其自由意志者而言。主要有詐欺及脅迫兩種情形。

一、詐欺

（一）意義

即故意表示虛偽的事實，使他人陷於錯誤而作意思表示的行為。

甲故意拿一支偽造的名牌錶給乙看，致使乙表示願意拿錢購買。

（二）要件

1.必須有詐欺的故意：即詐欺人對於構成詐欺的事實，明知並有意使其發生。或預見其發生，而其發生並不違背本意。但無需具有取得財產上不法利益或加害他人的意思，與刑法上詐欺罪的構成要件不同。

2.必須有詐欺行為：即需有捏造虛偽的事實（例如戶頭已無存款而偽稱尚有數十萬元）、隱匿真實的事實（例如掩飾貨品的瑕疵而保證其為高檔貨）、防止他人發現錯誤或加強其錯

誤的程度等行為。但見到相對人已陷於錯誤而不告知者（沈默），除有告知義務者外，不屬詐欺的行為。

　　3.必須表意人陷於錯誤。

　　4.必須詐欺行為與表意人的陷於錯誤及其意思表示間有相當因果關係。

（三）效力

　　1.當事人間的效力：

　　(1)因被詐欺而作意思表示者，表意人得撤銷其意思表示。

　　(2)詐欺係由第三人所為者，以相對人明知其事實或可得而知者為限，才可以撤銷意思表示。

　　2.對於第三人的效力：被詐欺而所作的意思表示，其撤銷不可用以對抗善意第三人。

　　3.撤銷權的除斥期間：撤銷被詐欺所作的意思表示，應於發現詐欺後1年內為之。但自意思表示後，若經過10年，便不得撤銷。

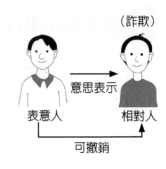

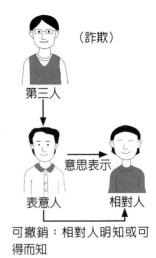

二、脅迫

（一）意義

　　即故意預告危害，使人發生恐怖，而作意思表示的行為。

（二）要件

　　1.必須脅迫人有脅迫的故意：即有意使表意人陷於恐怖而作意思表示。但無需具有取得財產上不法利益或加害於他人的意思，與刑法上恐嚇罪的構成要件不同。

以槍抵住表意人令其簽名同意，
此為強暴行為，非脅迫行為。

　　2.必須有脅迫行為：即告知使人心理上陷於恐怖的行為，包括被脅迫人本人或他人的生命、身體、自由、名譽或財產的恐怖。脅迫本身為一種危害的表示，如本身舉動即為危害行為，即屬於物理上的脅迫者，又如以槍抵住表意人命其簽名同意，這是強暴行為，非屬此所稱脅迫。

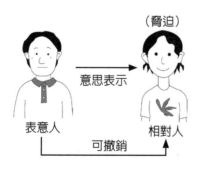

　　3.必須被脅迫人因其脅迫而發生恐怖，進而意思表示。
　　4.必須脅迫行為與表意人的發生恐怖及所作的意思表示間有相當因果關係。

5.必須是不法的脅迫：即脅迫的目的或手段為違法。如係正當行為，而使他人陷於恐怖，則非脅迫。例如債權人告訴債務人，若不償還欠債，即請法院查封拍賣其房屋。

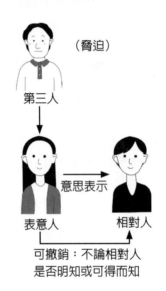

（三）效力

1.當事人間的效力：被脅迫而作的意思表示，表意人可以撤銷之（民法第92條第1項）。不論脅迫是由相對人或第三人所為，表意人均可以撤銷。

2.撤銷後可對抗任何人。

3.撤銷權的除斥期間：撤銷被脅迫所作的意思表示，應在脅迫終止後1年內為之。但自意思表示後經過10年，便不可以撤銷。

以案例說明，如甲以暴力強握乙的手，在借據上蓋指印，甲的行為是否構成以脅迫的方式使人為意思表示？而乙是否可以撤銷其意思表示？

受脅迫而作意思表示，僅具意思表示的決定是出於不自由，如受絕對強制而作意思表示，這是物理上的脅迫。而以暴力強握人的手蓋指印，即欠缺表示意思及表示行為，其意思表示未成立，所以不發生撤銷的問題。

又如甲因受詐欺而訂立買賣契約並已交貨，卻未收到價金，甲能否依被詐欺受害為由，請求損害賠償？或因侵權行為的損害賠償請求權消滅時效已完成，而請求返還不當得利？

此例中甲因受詐欺所作的買賣，在經依法撤銷前，並非無效的法律行為。甲交付貨物而取得請求給付價金的債權，如其財產總額並未因此減少，即無受損害可言。也就是不能主張買受人成立侵權行為，而對之請求損害賠償或依不當得利的規定而對之請求返還所受的利益。申言之，侵權行為以實際受有損害為其成立要件，也就是在經依法撤銷前，甲縱使已受有實際損害，也不可依侵權行為法則請求損害賠償（63.4.9第2次民事庭庭推總會決議、67.11.14第13次民事庭庭推總會決議）。

〔判例〕

・33上字第884號

民法第92條第1項所謂詐欺，雖不以積極之欺罔行為為限，然單純之緘默，除在法律上、契紙上或交易之習慣上就某事項負有告知之義務外，其緘默並無違法性，即與本條項之所謂詐欺不合。

〔判決〕

・80台上字第289號判決

因被詐欺而訂立買賣契約，受詐欺之當事人固得於民法第93條所定1年之除斥期間行使撤銷權，設該詐欺行為已

具備侵權行為之成立要件，縱令受詐欺之當事人未於法定
除斥期間內為撤銷權之行使，仍非不得依據侵權行為之法
則請求損害賠償。

‧83台上字第634號判決

民法上所謂因被詐欺而為意思表示之「詐欺」，與刑
法上所定詐欺取財罪之「詐欺」，並不相同，故原告於刑
事程序告訴被告詐欺罪嫌，縱經檢察官認為罪嫌不足，處
分不起訴，於民事上並不當然表示原告未因被詐欺而為意
思表示。

‧84台上字第1619號判決

按民法第92條第1項所謂詐欺，雖不以積極之欺罔行
為為限，然單純之緘默，除在法律上，契約上或交易習慣
上，就某事項負有告知之義務者外，其緘默並無違法性，
即非本條之詐欺。

法律行為的效力

一般而言，法律行為的效力可分為有效、無效、得撤銷及
效力未定四種。茲分別說明如下：

一、有效

法律行為如果有效，即發生法律上權利義務關係。至於有

效的原因,綜合前述,以下表表示之:

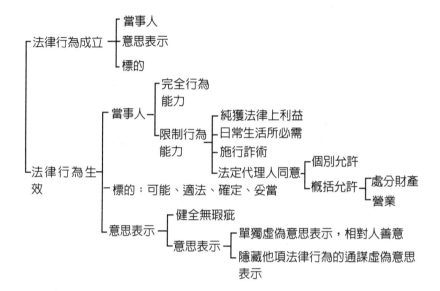

二、無效

(一)意義

　　法律行為欠缺有效要件,而自始、確定、當然、絕對不生法律行為效力。

　　1.自始確定不生效力:無效的法律行為,在法律行為成立時,即已確定不生效力,其後當然也不可能發生效力。因此,無效的法律行為,其無效原因消滅,即使當事人承認,也不能變為有效。換言之,不能因當事人的行為或時間的經過、事情的變遷而成為有效。例如買賣違禁物品的契約,不因解禁而變為有效。

買賣違禁品的契約不因解禁而變
為有效，其自始即確定無效。

2.當然不生效力：即該無效在法律上為當然發生，不必等當事人主張或由法院的判決；法院得逕依職權認為無效。但當事人仍可以提起消極確認之訴，請求法院確定其無效。

3.絕對不生效力：即任何人均可以主張其為無效，也可以對任何人主張其為無效。但法律有特別規定不可對於特定人主張者，則可相對有效。

（二）無效的原因

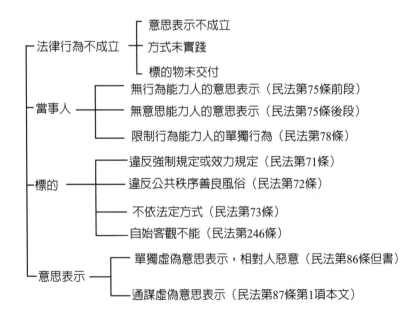

（三）無效的分類

1.絕對無效：指任何人或對於任何人主張無效，例如買賣人口契約。

相對無效：指特定人或對於特定人不可主張無效，例如通謀虛偽意思表示，便不可對善意第三人主張（民法第87條第1項）。

2.自始無效：指法律行為成立時，即有無效的原因，例如違背公序良俗的行為，在行為成立時即無效。

嗣後無效：指法律行為成立後，效力發生前，發生無效的原因，例如買賣成立後，停止條件成就前，買賣標的物被禁止交易。

3.全部無效：無效的原因存於法律行為全部。

一部分無效：無效的原因存於法律行為的一部分。

（四）法律行為一部分無效的效力

法律行為的一部分無效者，全部皆為無效。但除去該部分也可成立者，則其他部分仍為有效（民法第111條）。例如贈與契約中訂定贈送音響一部、CD10片，如其中3片CD 摔毀，則除去3片CD的部分，其餘仍為有效。

（五）無效行為的轉換

無效的法律行為，如具備其他法律行為的要件，並因其情形，可認為當事人如知其為無效，即欲為他項法律行為者，其他法律行為仍為有效（民法第112條）。其情形有二：

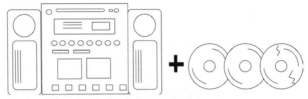

法律行為一部分無效者,若除去無效的部分亦可成立者,
則其他部分仍為有效。

1.由於法律規定者,例如密封遺囑如係自書者,雖未經密封,仍有自書遺囑的效力(民法第1193條)。

2.由於探求當事人真意者,例如未依法定方式簽發票據者雖然無效,但如果可以認為當事人將其作為債務承擔契約,其契約仍為有效。

(六) 無效法律行為的責任

無效法律行為的當事人在行為當時,如果知其無效或可得而知者,應負回復原狀及損害賠償責任(民法第113條)。

三、得撤銷

(一) 意義

撤銷權人行使撤銷權,使已生效法律行為的效力溯及既往而歸於消滅。

1.得撤銷的行為必須為法律行為。

2.得撤銷的法律行為,已經發生效力,經撤銷權人的撤銷,才開始失其效力,與無效的法律行為,在法律當時即已確定不生效力者,顯然不同。

3.撤銷應由撤銷權人為之。

4.得撤銷的法律行為，因被撤銷而溯及既往，歸於無效；若不撤銷，則仍繼續有效。撤銷權經過除斥期間或拋棄而消滅時，則法律行為確定自始有效。所以可撤銷的法律行為，已發生的效力是處於不確定的狀態，與效力未定的行為，其效力尚未發生者不同。

（二）得撤銷的原因

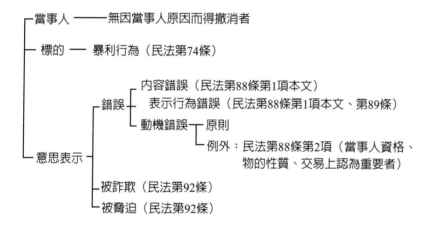

（三）撤銷權的性質

撤銷權係依意思表示溯及而消滅法律行為效力的權利，屬於形成權。

〈法律小辭典〉形成權

　　即因權利人一方的行為，而使法律關係發生變動的權利。法律關係有因其行使而發生者，例如法定代理人對限制行為能力人所訂契約的承認（民法79條）；有因其行使而變更者，例如選擇之債的選擇權（民法第208條）；有因其行使而消滅者，例如撤銷權（民法第114條）或抵銷權（民法第334條）。

（四）撤銷權人

　　何人有撤銷權，依民法相關規定決定，如下列所示。

　　1.本人（表意人）因錯誤、誤傳、詐欺、脅迫而作意思表示時，可撤銷之。

　　2.代理人。

　　3.本人的繼承人或其他概括繼受人。

　　4.其他利害關係人，如暴利行為。

（五）行使撤銷權的方法

　　撤銷應以意思表示為之，如相對人確定者，則該意思表示應向相對人為之（民法第116條）。至於撤銷法律行為的意思表示，因法律並未限定其表示的方法，所以不論是明示、默示，均可發生效力。如果撤銷權的存在與否不易認定，或撤銷權的行使影響第三人或多數人的權利義務時，則例外地由法律規定必須以訴訟方法為之，由法院以判決撤銷，例如暴利行為的撤銷（民法第74條即是）。

（六）撤銷的效果

1.撤銷的溯及效力：法律行為一經撤銷，即視為自始無效（民法第114條），有溯及的效力。但有例外的情形，例如結婚的撤銷，為保護子女的婚生性，不溯及既往，僅有向將來發生無效的效力（民法第998條）。

2.撤銷的絕對效力：法律行為的撤銷，原則上有絕對效力，可對抗任何第三人，例外如因詐欺而撤銷時，不可對抗善意第三人。

3.撤銷行為當事人責任：可撤銷的法律行為的當事人在行為當時知其可撤銷或可得而知者，對於其法律行為撤銷時，應負回復原狀或損害賠償的責任（民法第114條準用第113條）。

（七）撤銷權的消滅

撤銷權除因行使外，因下列事由而消滅。

1.除斥期間的經過：除斥期間為撤銷權的法定存續期間，例如受詐欺撤銷權的除斥期間為1年或10年（民法第93條）。至於除斥期間的起算及期間長短，依各個行為而有不同規定。

2.承認：這是撤銷權的拋棄，即撤銷權人使得撤銷法律行為確定發生效力的意思表示。因此，有承認權的人必為有撤銷的人。

四、效力未定

（一）意義

指法律行為發生效力與否尚未確定，必須待本人或法定代

理人或有權利的人承認或拒絕其效力，始能確定。申言之，效力未定的法律行為，經承認後則該法律行為確定有效，經拒絕後則該法律行為確定無效。

（二）效力未定的原因

1.必須得到第三人同意的行為

指以第三人的同意為生效要件的法律行為。此種法律行為必須有第三人的同意或拒絕，其效力才能確定。所謂「同意」，兼指事前的允許及事後的承認。其與拒絕均為確定他人法律行為效力的行為，屬於補助行為，不論是以明示或默示均可。必須向當事人的一方為之（民法第117條）。例如民法第77條規定：「限制行為能力人為意思表示及受意思表示，應得法定代理人之允許。」、第79條規定：「限制行為能力未得法定代理人之允許，所訂立之契約，須經法定代理人之承認，始生效力。」即是。

2.無權處分的行為

(1)意義：即無權利人以自己名義，就他人的權利標的物所作的處分行為。

〔法律小辭典〕處分行為

　　是指直接使權利發生、變更或消滅的行為，為物權行為，例如讓與所有權或設定抵押權等。

(2)無權處分行為的效力：

①經有權利人承認者，其行為有效。但為顧及登記的公信力及保護善意受讓的情形，應優先適用特別規定（例如土地法

第43條、民法第801、886、948～951條）。

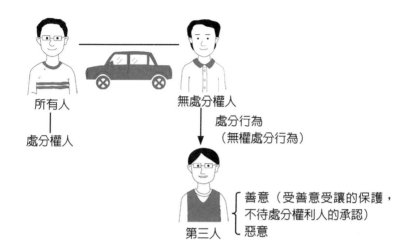

②無權利人為處分後取得標的物的權利者，其處分自始有效。但原權利人或第三人已取得的利益，不因此而受影響（民法第118條2項）。例如甲擅自將乙所有而出租給丙之汽車，出賣給丁後，才向乙買受該汽車，則甲的買賣行為有效，但乙在甲向其買車前已向丙收取的租金，無需返還。

③無權利人就權利標的物作處分後，權利人繼承無權利者，如屬繼承人就被繼承人的債務負無限責任時，應認為該無權處分行為為有效（29上1405）。

④無權利人就權利標的物所作數個處分相抵觸時，則在處分後取得權利者，以其最初的處分為有效。因此，最初處分行為的相對人可主張其後的處分為無效。但權利人可不依處分行為的先後，任意指定某一處分為有效。

3.無權代理的行為

是指無代理權的人以本人名義所作的法律行為，其效力應

視本人承認與否決定之。與無權處分的區別，在於無權代理是以有權的本人名義作法律行為，而無權處分則是以自己的名義為之。

（三）效果

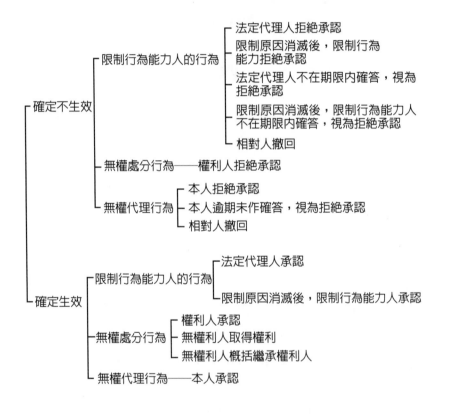

確定不生效
- 限制行為能力人的行為
  - 法定代理人拒絕承認
  - 限制原因消滅後，限制行為能力拒絕承認
  - 法定代理人不在期限內確答，視為拒絕承認
  - 限制原因消滅後，限制行為能力人不在期限內確答，視為拒絕承認
  - 相對人撤回
- 無權處分行為——權利人拒絕承認
- 無權代理行為
  - 本人拒絕承認
  - 本人逾期未作確答，視為拒絕承認
  - 相對人撤回

確定生效
- 限制行為能力人的行為
  - 法定代理人承認
  - 限制原因消滅後，限制行為能力人承認
- 無權處分行為
  - 權利人承認
  - 無權利人取得權利
  - 無權利人概括繼承權利人
- 無權代理行為——本人承認

參考法條

1. 民法第71條：法律行為，違反強制或禁止之規定者，無效。但其規定並不以之為無效者，不在此限。

2. 民法第72條：法律行為，有背於公共秩序或善良風俗者，無效。

3. 民法第77條：限制行為能力人為意思表示及受意思表示，應得法定代理人之允許。但純獲法律上之利益，或依其年齡及身分、日常生活所必需者，不在此限。

4. 民法第80條：前條契約相對人，得定一個月以上期限，催告法定代理人，確答是否承認。
   於前項期限內，法定代理人不為確答者，視為拒絕承認。

5. 民法第81條：限制行為能力人於限制原因消滅後，承認其所訂立之契約者，其承認與法定代理人之承認，有同一效力。
   前條規定，於前項情形準用之。

6. 民法第82條：限制行為能力人所訂立之契約，未經承認前，相對人得撤回之。但訂立契約時，知其未得有允許者，不在此限。

7. 民法第83條：限制行為能力人用詐術使人信其為有行為能力人或已得法定代理人之允許者，其法律行為為有效。

8. 民法第84條：法定代理人允許限制行為能力人處分之財產，限制行為能力人，就該財產有處分之能力。

9. 民法第85條：法定代理人允許限制行為能力人獨立營業者，限制行為能力人，關於其營業，有行為能力。
   限制行為能力人，就其營業有不勝任之情形時，法定代理人得將其允許撤銷或限制之。但不得對抗善意第三人。

10. 民法第86條：表意人無欲為其意思表示所拘束之意，而為意思表示者，其意思表示，不因之無效。但其情形為相對人所明知者，不在此限。

11. 民法第87條：表意人與相對人通謀而為虛偽意思表示者，其意思表示無效。但不得以其無效對抗善意第三人。

虛偽意思表示，隱藏他項法律行為者，適用關於該項法律行為之規定。

12. 民法第88條：意思表示之內容有錯誤，或表意人若知其事情即不為意思表示者，表意人得將其意思表示撤銷之。但以其錯誤或不知事情，非由表意人自己之過失者為限。

當事人之資格或物之性質，若交易上認為重要者，其錯誤，視為意思表示內容之錯誤。

13. 民法第89條：意思表示，因傳達人或傳達機關傳達不實者，得比照前條之規定撤銷之。

14. 民法第90條：前二條之撤銷權，自意思表示後，經過一年而消滅。

15. 民法第91條：依第88條及第89條之規定撤銷意思表示時，表意人對於信其意思表示為有效而受損害之相對人或第三人，應負賠償責任。但其撤銷之原因，受害人明知或可得而知者，不在此限。

16. 民法第92條：因被詐欺或被脅迫而為意思表示者，表意人得撤銷其意思表示。但詐欺係由第三人所為者，以相對人明知其事實或可得而知者為限，始得撤銷之。

被詐欺而為之意思表示，其撤銷不得以之對抗善意第三人。

17. 民法第93條：前條之撤銷，應於發見詐欺或脅迫終止後，一年內為之。但自意思表示後，經過十年，不得撤銷。

18. 民法第94條：對話人為意思表示者，其意思表示，以相對人了解時，發生效力。

19. 民法第95條：非對話而為意思表示者，其意思表示，以通知達到相對人時，發生效力。但撤回之通知，同時或先時到達者，不在此限。

    表意人於發出通知後死亡或喪失行為能力或其行為能力受限制者，其意思表示，不因之失其效力。

20. 民法第96條：向無行為能力人或限制行為能力人為意思表示者，以其通知達到其法定代理人時，發生效力。

21. 民法第97條：表意人非因自己之過失，不知相對人之姓名、居所者，得依民事訴訟法公示送達之規定，以公示送達為意思表示之通知。

22. 民法第118條：無權利人就權利標的物所為之處分，經有權利人之承認始生效力。

    無權利人就權利標的物為處分後，取得其權利者，其處分自始有效。但原權利人或第三人已取得之利益，不因此而受影響。

    前項情形，若數處分相牴觸時，以其最初之處分為有效。

23. 民法第166條：契約當事人約定其契約須用一定方式者，在該方式未完成前，推定其契約不成立。

24. 民法第1007條：夫妻財產制契約之訂立、變更或廢止，應以書面為之。

25. 民法第1050條：兩願離婚，應以書面為之，有二人以上證人之簽名並應向戶政機關為離婚之登記。

26. 民法第1174條：繼承人得拋棄其繼承權。

    前項拋棄，應於知悉其得繼承之時起三個月內以書面向法院為之。並以書面通知因其拋棄而應為繼承之人。但不能通知者，不在此限。

6 期日與期間

　　民法設定期日、期間制度的目的，在使因時間的經過而影響權利的得喪、變更者，有一定標準可循，除了可以發生或阻止法律效力，例如民法第8條的失蹤期間、第768條以下的取得時效、第125條以下的消滅時效等，還可決定給付或行為的標準。

　　所謂期日，是指不可分的某一特定時間，例如某日某時、某月某日。所謂期間，則是已確定或可得確定的一定範圍內時間，例如某日至某日或某月至某月。二者之區別，在於前者為特定的時間，無起點、終點，無「計算」的問題，只有「確定」的問題，屬於「點」；而後者為一定範圍的時間，有起點、終點，有計算的問題，屬於「線」。又因期日與期間對權利的得失關係重大，因此，法令、審判或法律行為所定的期日及期間，除法律有特別規定外，其計算依本法規的規定。所謂「法律有特別規定」，例如中央法規標準法第13第條規定：「法規明定自公布或發布日施行者，自公布或發布之日起算至第3日起發生效力。」即為不適用民法第120條第2項，始日不算入規定的例外。

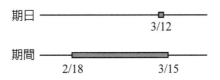

 計算方法

一、方法的種類

（一）曆法計算法

指依國定曆法計算的方法。依此種計算方法，「日」是指該日清晨零時至午後12時；「星期」是指星期一至星期日；「月」是指該月的1日至末日；「年」是指該年的1月1日至12月末日。因期間係長期連續計算，採此法較為方便，因此，不論大月、小月、閏年、平年，「稱月或年者，依曆計算。」

（二）自然計算法

指依時間單位計算的方法。依此種計算方法，1日需算足24小時，1星期需算足7日，1月需算足30日，1年需算足365日。即「月或年非連續計算者，每月為30日，每年為365日。」（民法123條2項）所謂非連續計算，指期間起算後，中有間斷，爾後又接續計算而言。例如承包工程，約定自訂約日起3個月完工，但必須扣除雨天日，則應自訂約日起，就不下雨之日，算足90天完工。

二、期間的起算點

（一）以時定期間者

即時起算。例如上午9時購物，約定3小時交貨，即應自9時開始，計算至12時止。

（二）以日、星期、月或年定期間者

「始日」不算入。例如9月1日訂立買賣契約，約定5日交貨，則應自9月2日開始算至6日期滿。

三、期間的終止點

（一）以日、星期、月或年定期間者

以期間末日的終止，為期間的終止。例如契約訂定交貨日為1月1日起1個月，則以1月31日午後12時為期間的終止。

（二）不以星期、月或年的始日起算者

以最後的星期、月或年與起日相當日的前一日，為期間的末日。但以月或年定期間，而最後的月無相當日者，以其月的末日，為期間的末日。例如契約訂定交貨為2個月期間，自12月31日起算，則其最後的月為翌年2月，但2月無31日，則以2月的末日（28日或29日），為期間的末日。

四、期間的延長

於一定期日或期間內，應為意思表示或給付者，其期日或其期間的末日為星期日、紀念日或其他休息日時，以其休息日的次日代之。例如期間的末日為10月10日，為國慶紀念日，則以10月11日代之。又星期六下午休息者，則以下星期一上午代之（最高法院55.11.8台文字第215號函、前司法行政政部55.11.19台55令人字6891號令）。前面所稱休息日，如在期間中，而非期間的末日者，則不得予以扣除（30抗287）。

五、期間的逆算

　　期間的計算通常是自一定起算日往後所作的順算，但這裡所指有關期日、期間的規定，也準用自一定起算日往前所作的逆算。例如法人總會的召集，應於30日前對各社員發出通知（民法第51條第4項）。

 年齡的計算法

　　年齡自出生之日起算，以足1年為1歲（足歲），採周年計算法。若出生的月日無從確定時，則推定其為7月1日出生。知其出生的月份，但不知其出生之日者，推定為該月15日出

民國90年
3月10日

72年3月2日生
今年18歲

出生年月日俱確定者

民國90年
3月20日

65年3月X日生
推斷15日生
今年25歲

出生日不知者

民國90年
7月10日

68年X月X日生
推斷7月1日生
今年22歲

出生月、日不知者

生（民法第124條第2項）。既然規定為推定，申言之，有反證時，則可另行認定之。

參考法條

1. 民法第119條：法令、審判或法律行為所定之期日及期間，除有特別訂定外，其計算依本章之規定。

2. 民法第120條：以時定期間者，即時起算。
   以日、星期、月或年定期間者，其始日不算入。

3. 民法第121條：以日、星期、月或年定期間者，以期間末日之終止，為期間之終止。
   期間不以星期、月或年之始日起算者，以最後之星期、月或年與起算日相當日之前一日，為期間之末日。但以月或年定期間，於最後之月，無相當日者，以其月之末日，為期間之末日。

4. 民法第122條：於一定期日或期間內，應為意思表示或給付者，其期日或其期間之末日，為星期日、紀念日或其他休息日時，以其休息日之次日代之。

5. 民法第123條：稱月或年者，依曆計算。
   月或年非連續計算者，每月為30日，每年為365日。

6. 民法第124條：年齡自出生之日起算。
   出生之月、日無從確定時，推定其為7月1日出生。知其出生之月，而不知其出生之日者，推定其為該月15日出生。

7 代理制度

代理的意義

　　所謂代理，是指代理人基於法律規定或本人授權，於代理權限內，以本人（被代理人）名義所為的意思表示或所受的意思表示，直接對本人發生效力。

一、代理涉及三方面的人

（一）本人

　　在意定代理的情形（本人授權代理）下，本人必須有完全的行為能力（即年滿20歲或未成年人已結婚者），始有授權能力。

（二）代理人

　　是指以本人名義，在代理權限範圍內與第三人作法律行為的人。其與本人之間的內部關係，在意定代理的情形，或為委託關係，或為雇傭關係，依當事人的合意決定之。意定代理人必須為完全行為能力人或限制行為能力人；法定代理人則必須有完全行為能力。

　　至於代理人因意思表示欠缺，如被詐欺、脅迫等，而使其法律行為的效力受影響時，是否有此事實，應由代理人決定之；但代理權的授與如果是以法律行為為之者，代理人的意思

表示是依本人指示而為時，則該事實的有無，應由本人決定之（民法第105條）。

（三）相對人

相對人是指與代理人行法律行為的人。

二、代理以法律行為為限

對於事實行為（例如占有）、侵權行為及感情表示（例如配偶對於他方通姦的宥恕），則不得代理。

三、代理行為限於財產的行為

身分行為有一身專屬性，不得代理，例如甲不得代理乙與丙結婚；丁亦不得代理戊認領非婚生子女。

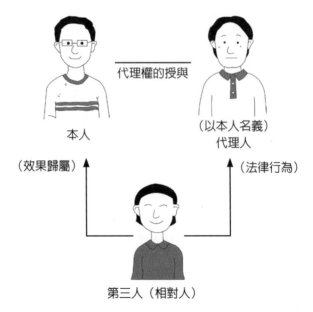

代理權的授與

本人

（以本人名義）
代理人

（效果歸屬）

（法律行為）

第三人（相對人）

四、與其他類似概念的區別

（一）代表

代表與本人的人格合而為一，代表人的行為視為本人的行為，例如法人的董事即為法人的代表，董事所作的行為即為法人的行為。再者，代表所可以行使的範圍較代理廣泛，即除法律行為之外，事實行為也可以代表。

代表

（二）使者

為他人傳達意思表示的機關，因此，其無需有意思能力，且意思表示是否有瑕疵，應由本人決定。又身分行為雖不可代理，但可藉使者傳達已做成的意思表示，例如甲欲向乙求婚，而派遣其6歲的弟弟向乙表達。

使者

（三）占有輔助人

為基於一定法律關係而占有他人之物的人，例如受僱人、學徒或其他基於類似關係，受他人批示，而對於物有管領力者。

占有輔助人

代理的種類

一、法定代理與意定代理

（一）法定代理產生的原因：

1.法律明文規定者：例如父母為未成年子女的法定代理人（民法第1086條）、監護人於監護權限內為受監護人的法定代理人（民法第1098條）。

2.基於機關處分者：例如法院為法人選任清算人（民法第38條）。

3.私人選任者：例如父母對於其未成年子女，可因特定事項，在一定期間內，以書面委託他人行使監護的職務（民法第1092條），或者最後行使、負擔對於未成年子女的權利、義務的父或母，得以遺囑指定監護人（民法第1093條）。

（二）意定代理是基於本人的授權行為而產生，其效力由本人與代理人之間的關係制定之。

二、一般代理與特別代理

前者的代理權範圍無特定限制，例如甲授權乙代為處理一切事務即是。後者的代理權範圍有特定限制，例如甲只授權乙尋找買主，但不包括簽約。

三、單獨代理與共同代理

前者是指代理權授與數人，而各代理人皆有獨立代理的權限。後者雖然也是將代理權授與數人，但各代理人無獨立代理

的權限。

四、有權代理與無權代理

（一）有權代理是指有代理權者，其代理權或基於法律規定，或依授權行為而定。

（二）無權代理可分為表見代理與狹義無權代理。分述如下：

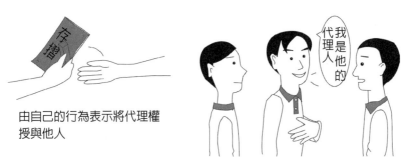

由自己的行為表示將代理權授與他人

知他人表示為其代理人而不作反對的表示者

1.表見代理

(1)表見代理的意義：是指無代理權人，有相當理由足以令他人信其有代理權時，法律使其本人負授權責任的代理制度。

(2)表見代理的發生：

①由自己的行為表示將代理權授與他人（民法第169條前段）：例如甲以印章及支票簿交乙保管使用，而乙私自簽發支票（44台上1428），或允許他人使用自己名義與第三人作法律行為（45台上461）。

②知他人表示為其代理人而不作反對的表示者：此無異是默認他人有代理權，而使相對人誤信。所稱「知」，指明知而

言，主張本人明知該事實，故應負舉證責任（68台上1081）。
例如甲自稱為乙的代理人，乙明知而不作反對的表示。

　　(3)表見代理的效力：本人對於第三人應負授權人的責任。
即第三人得以主張其行為對於本人發生效力。但第三人明知其
無代理權或可得而知者，則本人不負授權人的責任（民法第
169條但書）。又在第三人未作主張表見代理前，本人也得以
承認該行為。

2.狹義無權代理

(1)意義：通常包括下列四種型態。

①無代理權且不具備表見代理的要件。

②授權行為無效者。

③逾越代理權的範圍。

④代理權消滅後的代理。

　　(2)效力：無權代理為效力未定的行為，本人如不承認時，
其行為對於本人不發生效力，但相對人為使法律關係早日確
定，有催告權及撤回權。

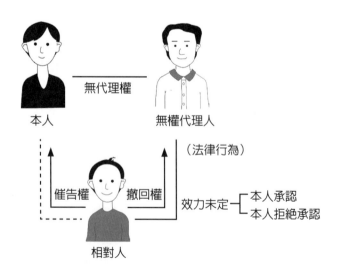

①本人與相對人間的關係：為效力未定的行為，因下列不同情形而確定。

a.本人承認：對於本人即生效力。

b.本人拒絕承認：一經拒絕，即自始不生效力。

c.相對人的催告權：相對人可定相當期限，催告本人確答是否承認，本人如逾期未作確答者，視為拒絕承認（民法第170條第2項）。

d.相對人的撤回權：為保護相對人的利益，相對人在本人未承認前得以撤回之。但如為法律行為時，相對人明知其無代理權者，因無保護的必要，不許撤回。

②本人與無權代理人間的關係：無權代理人所作的行為，經本人承認者，對本人發生效力；如本人不承認時，則構成無因管理或侵權行為。

〔判例〕

·29上字第1606號

兩願離婚，固為不許代理之法律行為，惟夫或妻自行決定離婚之意思，而以他人為其意思之表示機關，則與以他人為代理人使之決定法律行為之效果意思者不同，自非法所不許。本件據原審認定之事實，上訴人提議與被上訴人離婚，託由某甲徵得被上訴人之同意，被上訴人於訂立離婚書面時未親自到場，惟事前已將自己名章交與某甲，使其在離婚文約上蓋章，如果此項認定係屬合法，且某甲已將被上訴人名章蓋於離婚文約，則被上訴人不過以某甲為其意思之表示機關，並非以之為代理人，使之決定離婚之意思，上訴理由就此指摘原判決為違法，顯非正當。

・68台上1081

　　民法第169條所謂知他人表示為其代理人而不為反對之表示者，以本人實際知其事實為前提，其主張本人知此事實者，應負舉證之責。

　　以案例說明，如父母以未滿7歲的未成年子女名義購買的不動產，其效力如何？父母的債權人可否聲請強制執行？

　　父母以未滿7歲的未成年子女名購買的不動產，訂定契約的當事人為未成年的子女與第三人，父母僅居於法定代理人地位，不發生雙方代理的問題，其不動產買賣契約應屬有效。又不動產的價金是由父母支付，就子女而言，為無償取得的財產，屬子女的特有財產，不是子女的利益不得處分，所以父母的債權人不得聲請強制執行。

　　③相對人與無權代理人間的關係：如本人不承認時，無代理權人對於善意的相對人負損害賠償責任。此為基於法律規定而發生的特別責任，不以無權代理人有故意或過失為要件（56台上305）。

五、複代理

　　指代理人以自己名義，選任他人為本人的代理人，使其行使代理人權限內的行為。則複代理人所作的代理行為，對於本人並不生效力。

代理權的發生、限制及消滅

一、代理權的發生

（一）基於法律規定

例如父母為未成年子女的法定代理人（民法第1086條）、監護人於監護權限內，為受監護人的法定代理人（民法第1098、1110條）、親屬會議選定的遺產管理人（民法第1177條）、法院選任法人的清算人（民法第38條）等。

基於法律的規定，如父母為未成年子女的代理人

基於授權行為，如地主僱用農夫耕作田地

（二）基於授權行為

於意定代理的情形，其代理權的發生，是由於當事人的授權行為。其授與只要向代理人或向代理人對之行法律行為的第三人，以意思表示為之，即發生效力，屬於單獨行為，無需一定的方式。至於本人與代理人之間的內部關係，則為委任、僱傭、承攬、合夥等基本法律關係。

二、代理權的限制

指代理人應有的權限，因法律的規定或當事人的意思特別加以限制，分別說明如下。

（一）法定代理的限制

即法律特別對法定代理人代理權限的限制，例如監護人處分受監護人的不動產，應得到法院許可（民法第1101條第2項第1款）。

（二）意定代理的限制

1.當事人所加的限制：當事人可視實際需要對代理權予以限制，但為避免第三人受到不測的損害，不可用以對抗善意第三人（民法第107條前段）。但第三人因過失而不知其事實者，則無保護的必要，仍得以對抗之（民法第107條但書）。

2.自己代理或雙方代理的禁止：原則上代理人不可以作出本人與自己之間的法律行為，也不可以既成為第三人的代理人，而作出本人與第三人的法律行為（民法第106條本文）。以避免因代理人利害相衝突，而影響本人的權益。此不論是意定代理或法定代理均有適用（65台上840）。但如已經本人許諾，或法律行為是專為履行債務者（民法第106條但書），則可以例外地允許自己代理或雙方代理。

〔法律小辭典〕自己代理與雙方代理

自己代理：即代理人為本人或為自己（代理人）所作的法律行為。例如代理人乙，一方面以本人名義代理本人甲出賣骨董一件，另一方面，又以自己的名義買受此骨董。

雙方代理：代理人同時是本人又是第三人的代理人，而作出雙方間的代理行為。例如代理人乙，一方面以本人名義代理本人甲出賣骨董一件，另一方面，又以代理相對人丙的名義買受此骨董。

以案例說明，如甲授權乙以代理人名義簽發支票，向丙借款新台幣20萬元，而乙竟逾越權限簽發30萬元支票，向丙借款，丙不知代理權的限制，亦無過失而不知其限制，而收受支票借與款項，乙取得後全部予以侵占。支票到期後，逾越權限所簽發10萬元部分，則甲是否需負簽發人的責任？

民法第107條雖然規定代理權的限制，除第三人因過失而不知其事實者外，不可以之對抗善意的第三人。但按票據法第10條第2項規定，代理人逾越權限時，就權限外的部分，即應由無權代理人自負票據上的責任，此乃特別規定優先於一般規定而適用的當然法理，無適用民法第107條的餘地。所以甲不必負簽發人的責任。

3.共同代理的限制：共同代理是指本人將代理權授與數人，數代理人共同行使一代理權，各代理人無獨立的代理權，因此，其代理行為應共同為之，否則即構成無權代理。但法律另有規定（例如民法第556條規定，經理人中有二人簽名即對商號生效），或本人另有意思表示者，則可以單獨代理。

三、代理權的消滅

（一）消滅的原因

1.共同的原因

(1)本人死亡：因被代理對象已不存在，所以原則上代理關係消滅；但意定代理法律另有規定（例如民法第564條規定，商號所有人死亡，經理權或代辦權不因此而消滅），或本人另有意思表示時，則不消滅。

(2)代理人死亡：代理權為法律上的地位，非財產上的權利，不得繼承。

(3)代理人受監護宣告。

2.法定代理的特別原因

(1)當然消滅原因：例如未成年人已成年或已結婚，而有行為能力，當然無設法定代理人的必要；以及撤銷監護宣告等。

(2)法律特定的原因：例如父母喪失親權（民法第1090條）、遺產管理人的職務終了（民法第1184條）、破產管理人的撤換（破產法第85條）等。

3.意定代理的特別原因

(1)當然消滅原因：例如特定行為授權的代理，當該行為完成時，其代理關係自然消滅；代理定有存續期間，則存續期間屆滿，代理關係當然消滅。

(2)法律規定的原因：例如授權基本關係（委任、雇傭）終了、代理權全部撤回等。

（二）消滅的效果

1.當事人間：代理人在代理權消滅後，即無代理權，如要

再為代理，應適用無權代理的規定。又代理權消滅或撤回時，代理人必須將授權書交還給授權人，不得留置（民法第109條）。

2.第三人與本人間：代理權消滅後應視具體個案是否符合表見代理的情形認定之。

參考法條

1. 民法第103條：代理人於代理權限內，以本人名義所為之意思表示，直接對本人發生效力。

   前項規定，於應向本人為意思表示，而向其代理人為之者，準用之。

2. 民法第110條：無代理權人，以他人之代理人名義所為之法律行為，對於善意之相對人，負損害賠償之責。

3. 民法第167條：代理權係以法律行為授與者，其授與應向代理人或向代理人對之為代理行為之第三人，以意思表示為之。

4. 民法第168條：代理人有數人者，其代理行為應共同為之。但法律另有規定或本人另有意思表示者，不在此限。

5. 民法第169條：由自己之行為表示以代理權授與他人，或知他人表示為其代理人而不為反對之表示者，對於第三人應負授權人之責任。但第三人明知其無代理權或可得而知者，不在此限。

6. 民法第170條：無代理權人以代理人之名義所為之法律行為，非經本人承認，對於本人不生效力。

   前項情形，法律行為之相對人，得定相當期限，催告本人確答是否承認，如本人逾期未為確答者，視為拒絕承認。

7. 民法第171條：無代理權人所為之法律行為，其相對人於本
人未承認前，得撤回之。但為法律行為時，明知其無代理
權者，不在此限。

8 消滅時效

 何謂時效

　　指一定事實狀態繼續存在於一定期間，而發生一定法律效果的制度。時效制度的目的有四：

　　一、尊重既已發生或形成的新秩序，以保障交易安全。

　　二、避免舉證困難。

　　三、懲罰「在權利上睡覺」，「權利上的睡眠者」不值得法律保護。

　　四、使永續的事實狀態得以確定，間接維護社會公益。

　　時效的種類有二：消滅時效及取得時效。前者是指請求權因在一定期間內繼續不行使而消滅的制度（民法第125～147條），對於債權、物權的請求權均有適用；而後者是指占有他人的物，繼續行使權利達一定期間而取得權利的制度，規定於物權編（民法第768～772條）。下表比較二時效制度的不同：

	消滅時效	取得時效
基　礎	為權利消滅的原因	為權利取得的原因
客　體	請求權	所有權及其他財產權
原因態樣	權利不行使	權利行使（占有）的事實
期　間	原則上為15年（民法第125條），其他如5年（民法第126條）、2年（民法第127條）	有5年（民法第768條之1）、10年（民法第768條、第770條）及20年（民法第769條）
起算點	請求權得行使時	和平、公然取得標的物時
障礙事由	有中斷（民法第129條）及不完成（民法第139條）兩種原因	僅有中斷事由（民法第771條），無不完成事由

	消滅時效	取得時效
效　力	1.必須經當事人援用 2.時效完成後得拋棄時效利益 3.時效完成後權利人仍保有請求權，只是效力減損	1.不需經當事人援用 2.時效完成後拋棄者為取得之權利本身，非時效利益 3.時效完成後，時效取得人取得權利，原權利人權利消滅

 消滅時效的客體

一、以請求權為限

　　惟不以因債權而生的請求權為限，由物權所生的請求權，即所謂物上請求權（民法第767條），除已登記不動產所有人的回復請求權外（大法官54年6月16日釋字第107號解釋），均包括在內（院1833、28上2301）。

二、身分權不得為消滅時效的客體

　　消滅時效的客體，以財產上的請求權為限，身分關係上的請求權，例如履行婚約請求權、夫妻間的同居請求權等，均不是消滅時效的客體（48台上字第1050號），因此權利本身與公共秩序有關，自不能因時效而消滅。

　　有問題的是，物上請求權（民法第767條）是否可作為消滅時效的客體？是否會因時效期間經過而消滅？

　　關於這兩個問題，有肯定及否定二說：

　　肯定說：民法上雖然以請求權為消滅時效的客體，但不以因債權而生的請求權為限。對於由物權而生的請求權，不問其

為人的請求權（損害賠償請求權）或物的請求權（返還請求權、妨害除去請求權），如經過一定期間而不行使，則應與一般請求權同視，可因時效經過而消滅。

否定說：物權本身既不因消滅時效而消滅，則由物權而生的請求權，自然不因消滅時效而消滅。

我國實務見解一向採肯定說，而大法官會議解釋則謂已登記不動產所有人的回復請求權、除去妨害請求權，無民法第125條消滅時效規定的適用。

〔大法官會議解釋〕

· 釋字第107號

已登記不動產所有人之回復請求權，無民法第125條消滅時效規定之適用。

理由：查民法第769條、第770條，僅對於占有他人未登記之不動產者許其得請求登記為所有人，而關於已登記之不動產，則無相同之規定，足見已登記之不動產，不適用關於取得時效之規定，為適應此項規定，其回復請求權，應無民法第125條消滅時效之適用。復查民法第758條規定：「不動產物權，依法律行為而取得、設定、喪失及變更者，非經登記不生效力。」土地法第43條規定：「依本法所為之登記，有絕對效力。」若許已登記之不動產所有人回復請求權，得罹於時效而消滅，將使登記制度，失其效用。況已登記之不動產所有權人，既列名於登記簿上，必須依法負擔稅捐，而其占有人又不能依取得時效取得所有權，倘所有權人復得因消滅時效喪失回復請求權，將永久負擔義務，顯失情法之平。本院院字第1833號解釋，係對未登記不動產所有人之回復請求權而發。至已登

記不動產所有人回復請求權，無民法第125條消滅時效規定之適用，應予補充解釋。

·釋字第164號

　　已登記不動產所有人之除去妨害請求權，不在本院釋字第107號解釋範圍之內，但依其性質，亦無民法第125條消滅時效規定之適用。

　　理由：按民法第767條規定，所有人對於無權占有或侵奪其所有物者之返還請求權，對於妨害其所有權者之除去請求權及對於有妨害其所有權之虞者之防止請示權，均以維護所有權之圓滿行使為目的，其性質相同，故各該請求權是否適用消滅時效之規定，彼此之間，當不容有何軒輊。如為不同之解釋，在理論上不免自相矛盾，在實際上亦難完全發揮所有權之功能。「已登記不動產所有人之回復請求權，無民法第125條消滅時效規定之適用」，業經本院釋字第107號解釋在案。已登記不動產所有人之除去妨害請求權，有如對於登記具有無效原因之登記名義人所發生之塗銷登記請求權，若適用民法消滅時效之規定，則因15年不行使，致罹於時效而消滅，難免發生權利上名實不符之現象，真正所有人將無法確實支配其所有物，自難貫徹首開規定之意旨。故已登記不動產所有人之除去妨害請求權，雖不在上開解釋範圍之內，但依其性質，亦無民法第125條消滅時效規定之適用。

〔判例、解釋〕

·48台上字第1050號

　　請求權因15年間不行使而消滅，固為民法第125條所明定，然其請求權若著重於身分關係者，即無該條之適用

（例如因夫妻關係而生之同居請求權）。履行婚約請求權，純係身分關係之請求權，自無時效消滅之可言。

·院字第1833號解釋

不動產所有權之回復請求權，應適用民法第125條關於消滅時效之規定，故所有人未經登記之不動產，自被他人占有而得請求回復之時起，已滿15年尚未請求者，則不問占有人之取得時效已否完成，而因消滅時效之完成，即不得為回復之請求。

 ## 消滅時效與除斥期間有何不同？

所謂除斥期間，是指法律對於某種權利所預定的存續期間，並無統一的規定，而分散於各條文中。下表表示其區別的所在：

	消滅時效	除斥期間
立法精神	維護新秩序	維護舊秩序
適用對象	請求權	形成權
期間長短	較長（一般為15年）	較短（最多為10年）
期間起算點不同	可行使請求權時起（民法第128條）	法律行為成立後或發現詐欺後
期間是否中斷	有中斷及不完成事由	無此問題
訴訟效果	必須債務人主張，法院不得依職權審查	得由法院依職權審查
權利是否拋棄	已完成的時效利益可以拋棄，但不得預先拋棄	權利當然消滅，無拋棄可言
期間屆滿效力	權利仍存在，只是相對人可以抗辯	權利不存在

消滅時效的期間

一、消滅時效的種類

（一）一般消滅時效期間

即長期消滅時效期間。依民法第125條規定：「請求權，因15年間不行使而消滅。但法律所定期間較短者，依其規定。」申言之，凡未明文規定者，均適用此一規定，為15年時效。

（二）短期消滅時效期間

指法律明文規定，其時效期間較一般期間為短。大致上可分為下列三種。

1.5年短期時效

包括下列各項各期給付請求權（民法第126條）：

(1)利息：指因金錢借貸所生的法定孳息。

(2)紅利：例如公司每年分配給股東的營業利益。

(3)租金：因租賃關係所生的法定孳息。

(4)贍養費：指民法親屬編中規定給付離婚配偶的生活費。

(5)其他1年或不及1年的定期給付債權：指與利息等同一性質（院1331）及基於一定法律關係，因每次1年以下期間的經過，順次發生的債權而言（28上605）。至於普通債權定有給付期間，或以一債權分數期給付者，不包括在內（院1227）。清償期在1年以內的債權，係一時發生，且因一次的給付即消滅者，亦不包括在內（28上605）。

2.2年短期時效（民法第127條）

(1)旅店、飲食店及娛樂場的住宿費、飲食費、座費、消費物的代價及其墊款。

(2)運送費及運送人所墊的款。

(3)以租賃動產為營業者的租價。

(4)醫生、藥師、看護生的診費、藥費、報酬及其墊款。

(5)律師、會計師、公證人的報酬及其墊款。

(6)律師、會計師、公證人所收當事人物件的交還。

(7)技師、承攬人的報酬及其墊款。

(8)商人、製造人、手工業人所供給的商品及產物的代價。

二年短期時效的內容範圍

	旅社、飲食店及娛樂場的住宿費、飲食費、座費、消費場的代價及其墊款。		運送費及運送人所墊的款。
	以租賃動產為營業者的租價。		醫生、藥師、看護生的診費、藥費、報酬及其墊款。
	律師、會計師、公證人的報酬及其墊款。		律師、會計師、公證人所收當事人物件的交還。
	技師、承攬人的報酬及其墊款。		商人、製造人、手工業人所供給的商品及產物的代價。

又請求商人、製造人、手工業人交付出賣標的物的請求權，不在本款範圍之內，仍應通用民法第125條的規定（31上1205、41台上559）。

3.其他特別時效期間

民法或特別法對於具有特殊性質的請求權，另有短期消滅時效的規定，歸納如下。

(1)10年消滅時效：例如因侵權行為所生的損害賠償請求權（民法第197條第1項）、繼承回復請求權（民法第1146條）。

(2)3年消滅時效：例如指示證券領取人或受讓人，對於被指示人因承擔所生的請求權（民法第717條）。對匯票承兌人及本票發票人的權利（票據法第22條第1項前段）。

(3)2年消滅時效：例如保險契約所生的權利（保險法第65條）、船舶碰撞所生請求權（海商法第99條）。

(4)1年消滅時效：例如定作人瑕疵修補請求權及修補費用償還請求權（民法第514條）、寄託契約的報酬請求權（民法第601條之2）、占有人的物上請求權（民法第962、963條）、匯票及本票執票人的追索權時效（票據法第22條第2項）、共同海損債權（海商法第125條）。

(5)6個月消滅時效：例如貸與人的賠償請求權及取回權（民法第473條）、對旅店或場所主人的損害請求權（民法第611條）、匯票及本票背書人的追索權（票據法第22條第3項）。

二、消滅時效的起算

（一）自請求權可行使時起算（民法第128條前段）：所謂請求權可行使時，指行使請求權在法律上無障礙時而言，不

包括事實上障礙。請求權人因疾病或其他事實上的障礙，不能行使請求權者，其時效的進行，不因此而受影響。所謂法律上的障礙，指法律規定請求權行使的限制，在限制未除去前，即不能行使請求權，例如附有條件的法律行為，在條件未成就前，法律行為尚未生效，自然無從行使其請求權。又請求權定有清償期者，在期限屆滿時起，即可行使，其消滅時效應自期限屆滿時起算（29上1489）。債權未定清償期者，債權人可以隨時請求清償，其消滅時效應自，債權成立時起算（28上1760）。所有物返還請求權的消滅時效，應自相對人實行占有時起算（37上7367）。

〔法律小辭典〕所有物返還請求權

即所有人對於無權占有或侵奪其所有物者，可請求返還之（民法第767條前段）。

（二）以不行為為目的的請求權，自行為時起算（民法第128條後段）：例如甲、乙約定不得在某處設立廣告招牌，如乙一直未設立招牌，則請求權無從發生，甲自然無從向乙請求；反之，乙違反約定設立招牌，則時效自乙設立招牌時，即違反不作為義務時開始起算。

甲、乙約定不得設立廣告招牌

若乙違反約定，則自招牌設立開始，甲對乙即有請求權

三、時效期間不得加減

　　時效制度的目的在維持社會現有秩序，具有公益性質，屬強行制定。因此，時效期間不可以法律行為加長或減短之（民法第147條）。也不可以當事人的意思（即契約的合意）而排除其適用。

 消滅時效會不會中斷？

一、消滅時效中斷的意義

　　指消滅時效期間進行中，因有中斷事由發生，以致已進行的期間歸於無效，並自中斷事由終止時起，重新起算的制度。

二、消滅時效中斷的事由

　　為喚起權利人的注意，促使其行使權利，法律承認時效中斷。依民法第129條規定，消滅時效因下列事由而中斷：

（一）請求

　　指權利人請求債務人履行債務而言。以意思表示為之即可，例如以存證信函告之債務人清償即是。但在請求後，如債務人拒絕或不予承認，則應於6個月內起訴，否則時效視為不中斷（民法第130條）。即時效仍從原開始時起繼續進行，與未經中斷同。

（二）承認

指義務人對權利人承認其權利的存在。因債務人一方的行為而成立，明示或默示均可，例如請求緩期清償或支付利息（51台上1216）。時效因承認而中斷，有確定的效力，至於時效完成後的承認，則為時效利益的默示而拋棄（50台上2868）。

（三）起訴

為向法院行使訴訟上權利的行為，以訴狀提出於法院時而中斷，但請求權人如果撤回其告訴，或因不合法而受駁回的裁判，其裁判確定者，視為不中斷（民法第131條）。

（四）與起訴有同一效力的事項

依民法第129條第2項規定，下列事項與起訴有同一效力。

1.依督促程序聲請發支付命令：時效自聲請時起中斷，但債權人撤回聲請，或受駁回的裁判，或支付命令失其效力時，視為不中斷（民法132條）。

2.聲請調解或提付仲裁：此所稱調解，包括依民事訴訟法所作的調解，及依其他法律所作的調解、調處在內（48台上722、936）。但若調解的聲請經撤回、被駁回、調解不成立，或仲裁的請求經撤回、仲裁不能達成判斷時，視為不中斷（民法第133條）。

3.申報和解債權或破產債權：即債權人於法院許可債務人依破產法所作和解的聲請，或於宣告破產後，申報其債權的行為。但債權人如撤回其申報時，視為不中斷（民法第134條）。

4.告知訴訟：即當事人於訴訟中，將訴訟告知因自己敗訴而有法律上利害關係的第三人（民事訴訟法第65條）。例如丙主張甲向乙所購買的機車為其所有，訴請甲交還，甲將該訴訟告知乙。但若於訴訟終結後6個月內不起訴者，則視為不中斷（民法第135條）。

〔法律小辭典〕依督促程序發支付命令與調解

依督促程序發支付命令：債權人的請求，以給付金錢或其他代替物或有價證券的一定數量為標的者，可聲請法院依督促程序發支付命令。債務人對於支付命令未在法定期間內提出異議者，支付命令與確定判決有同一的效力（民事訴訟法第508-521條）。

調解：法院或調解機關（例如鄉、鎮、市調解委員會）依當事人的聲請，在起訴前就有爭議的民事事件，勸諭杜息爭端，由當事人自行成立合意，以避免訴訟程序的制度。

5.開始執行行為或聲請強制執行：但因權利人的聲請或法律上要件的欠缺，而撤銷其執行處分時，或撤回強制執行的聲請或其聲請被駁回時，視為不中斷（民法第136條）。

三、消滅時效中斷的效力

（一）時的效力

1.時效中斷者，自中斷的事由終止時，重新起算（民法第137條第1項）。

2.如果是因起訴而中斷的時效，自受確定判決或因其他方法訴訟終結時，重新起算（民法第137條第2項）。

3.如果是與起訴有同一效力的事項，則於各該程序終結時，重新起算。

4.中斷事由終止前，已經過的時效期間，即全歸無效。

5.中斷時效事由存續的期間，時效不進行。

6.自中斷的事由終止時起，時效重新開始進行。

7.重新起算的時效期間，仍以原有時效期間為準。但經確定判決或其他與確定判決有同一效力的執行名義所確定的請求權，其原有消滅時效期間不滿5年者，因中斷而重新起算的時效期間為5年（民法第137條第3項）。

（二）人的效力

原則上，以當事人、繼承人、受讓人之間為限，始有效力（民法第138條）。但債權人向主債務人請求履行及作其他中斷時效的行為時，對於保證人亦生效力（民法第747條）。

消滅時效不完成

一、意義

　　時效將完成時，權利人有不能或難以行使權利的事由，使時效暫時不完成，在不完成事由終了後，經一定時效，時效始完成的制度，以保護權利人的利益。

二、不完成事由

　　（一）天災或其他不可避免的事變：自妨礙事由消滅時起1個月內，其時效不完成（民法第139條）。

　　（二）遺產繼承人或管理人未定：自繼承人確定，或管理人選定，或破產宣告時起，6個月內，其時效不完成（民法第140條）。

　　（三）法定代理人未定、欠缺：自無行為能力人或限制行為能力人成為行為能力人，或其法定代理人就職時起，6個月內，其時效不完成（民法第141條）。

　　（四）法定代理關係的存續：無行為能力人或限制行為能力人對於其法定代理人的權利，在代理關係消滅1年內，其時效不完成（民法第142條）。

　　（五）夫妻關係的存續：夫對妻或妻對夫的權利，於婚姻關係消滅後1年內，其時效不完成（民法第143條）。

三、不完成的效力

　　（一）有絕對性，對於任何人均可主張。

不完成事由

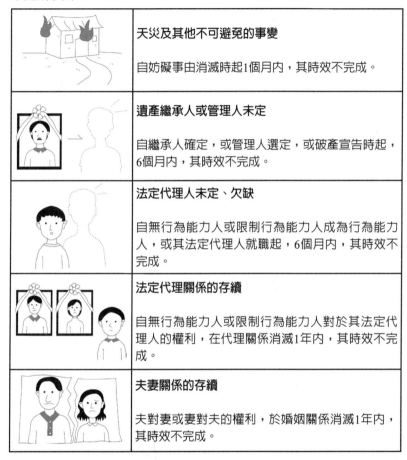

	天災及其他不可避免的事變 自妨礙事由消滅時起1個月內，其時效不完成。
	遺產繼承人或管理人未定 自繼承人確定，或管理人選定，或破產宣告時起，6個月內，其時效不完成。
	法定代理人未定、欠缺 自無行為能力人或限制行為能力人成為行為能力人，或其法定代理人就職起，6個月內，其時效不完成。
	法定代理關係的存續 自無行為能力人或限制行為能力人對於其法定代理人的權利，在代理關係消滅1年內，其時效不完成。
	夫妻關係的存續 夫對妻或妻對夫的權利，於婚姻關係消滅1年內，其時效不完成。

　　（二）在不完成期間內，權利人仍可作中斷時效的行為。

　　（三）不完成的事由消滅後一定期間內，時效不完成，即將時效延長至障礙事由消滅後的一定期間屆滿時為止。

　　（四）時效已進行的期間，仍屬有效，並不重新起算。

消滅時效的效力

一、關於消滅時效完成的效力

（一）權利消滅主義：即權利本身歸於消滅。

（二）訴權消滅主義：即權利本身未消滅，但無訴權（只能於訴訟外請求）。

（三）抗辯權發生主義：即權利與訴權均未消滅，只發生債務人可拒絕給付的抗辯權，我國民法採此主義。

二、債務人得拒絕給付（民法第144條第1項）

時效完成後，對債務人而言，只發生拒絕給付的抗辯權，且法院不能依職權審查時效是否完成，而必須由債務人主張，才可以作為裁判的依據。除主債務人外，保證人及連帶保證人均可主張。

三、已為給付不得請求返還

請求權已經時效消滅，而債務人仍履行的給付，則不可以不知時效為理由請求返還。以契約承認該債務，或提出擔保者，亦同（民法第144條第2項）。不發生不當得利的問題（54台上2256、47台上303）。

四、效力範圍

（一）原則

及於從權利（民法第146條本文）。

（二）例外

擔保物權繼續存在。申言之，即以抵押權、質權或留置權擔保的請求權，雖經時效消滅，債權人仍得以就其抵押物、質物或留置物取償（民法第145條第1項）。但消滅時效完成後，5年間不實行抵押權者，其抵押權消滅（民法第880條）。此外，前面所指擔保物權，對於利息及其他定期給付的各期請求權，若其屬短期且亟待迅速確定者，不適用之（民法第145條第2項）。

五、時效利益不得預先拋棄（民法第147條後段）

〔判例〕

・47台上字第303號

不當得利，須以無法律上之原因而受利益，致他人受損害為其成立要件，其因時效而取得權利，民法上既有明文規定，即與無法律上之原因而受利益之情形有別，不生不當得利之問題。

9 權利的行使

所謂權利的行使，是指權利人直接實現其權利內容的行為。基於權利的社會性、公益性及相對性，權利絕對不可侵及權利行使絕對自由，乃近代民法指導原理之一。

 ## 權利行使的基本原則

一、禁止違反公益

權利的行使，不得違反公共權利行使的基本原則。所謂公共利益，是指不特定多數人利益的總合。違反公共利益的認定，是以權利行使「結果」客觀上是否違反公益而定。違反公共利益不發生權利行使的效果，例如私有土地上形成既成的道路，則所有人不得以民法第767條主張妨害排除請求權（52台上3218）。

二、禁止權利濫用原則

所謂權利濫用，是指行使權利超過必要範圍而言。所以權利的行使，不可以損害他人為主要目的。例如在自己土地上建築高牆，阻止鄰人視線，即不發生正當行使權利所應發生的法律效果。

權利行使的基本原則

	**禁止違反公益原則** 所謂公共利益，是指不特定多數人利益的總和。其認定是以權利行使「結果」客觀上是否違反而定，如故意打破路燈。
	**禁止權利濫用原則** 所謂權利濫用，是指行使權利超過必要範圍而言。所以權利的行使，不得以損害他人為主要目的。如大聲高歌，以致影響他人安寧。
	**誠實信用原則** 行使權利，履行義務，應依誠實及信用方法。這是法律道德化的表現，也是法律倫理價值的崇高表現。如商品以不實廣告欺騙顧客。

三、誠實信用原則

　　「行使權利，履行義務，應依誠實及信用方法。」此即所謂誠實信用原則，簡稱「誠信原則」。此原是一種道德觀念，規定為法律條文，是法律道德化的表現，也是法律倫理價值的崇高表現，所以稱為「帝王條款」，除作為解釋或補充法律行為的準則，也作為立法、修法的準則。違反誠實信用原則的效果，不生行履行義務的效果。

是否允許自力救濟？

　　權利的保護，有公力救濟與自力救濟兩種，前者是在權利被侵害時，請求國家以公權力實行救濟者，因需一定的程序，在情況緊急時，難以及時保護權利；而後者是在權利被侵害時，以自己力量實行救濟者。在現代社會，以公力救濟為原則，而在不及以公權力保護時，才可例外地自力救濟。此自力救濟的行為，在刑法上不構成犯罪，在民法亦不構成侵權行為。自力救濟可分為自衛行為及自助行為兩種，分別說明如下。

一、自衛行為

（一）正當防衛

　　1.意義：對於現時不法的侵害，為防衛自己或他人的權利，侵害人有無過失及責任能力在所不問，而所作的行為（民法第149條）。

　　2.要件：

　　(1)必須為不法的侵害：所謂不法，指客觀的不法而言。至於權利的行使，例如父母懲戒子女；或職務的執行，例如警察拘捕人犯，以及正當防衛或自治行為，均不可認為防衛行為。

　　(2)必須為現時的侵害：即侵害行為已經著手進行或正在實行而尚未完畢。對於已經過去或尚未發生的侵害，因可以請求公力救濟，所以不可認為防衛行為。

　　(3)必須為防衛自己或他人權利。

　　(4)必須為必要的行為：是否必要，應就具體個案事實，依

客觀標準認定之。

　　3.效果：不負損害賠償責任，但防衛過當，無論有無過失，如已逾越必要程度者，仍應負相當賠償責任。至於正當防衛是否過當，應視具體的客觀情事及各當事人的主觀事由定之（64台上2442）。

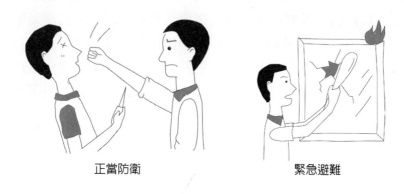

正當防衛　　　　　　　　　　　緊急避難

（二）緊急避難

　　1.意義：因避免自己或他人生命、身體、自由或財產上急迫的危險所作的行為。例如火災時破壞門窗入屋救人。

　　2.要件：

　　(1)必須有急迫的危險：指迫在眼前、刻不容緩的危險。但對於未來的危險及過去的危險，不得實施緊急避難。

　　(2)必須是避免自己或他人生命、身體、自由或財產上急迫的危險。

　　(3)必須出於不得已：即在其權利突然遇到危難之際，非侵害他人法益，別無救護之途（24上2669）。亦即該行為在方法上屬最後手段，所以避難行為不能逾越危險所能致的損害程度。而是否逾越，應就具體個案事實，依客觀標準認定。

	正當防衛	緊急避難
意義	對於現時不法的侵害,為防衛自己或他人的權利,所作的行為。	因避免自己或他人生命、身體、自由或財產上急迫的危險所作的行為。
要件	1.必須為不法的侵害 2.必須為現時的侵害 3.必須為防衛自己或他人的權利 4.必須為必要的行為	1.必須有急迫的危險 2.必須是避免自己或他人生命、身體、自由或財產上急迫的危險 3.必須出於不得已
效果	不負損害賠償責任,但防衛過當,無論有無過失,如已逾越必要程序者,仍應負相當賠償責任。	不負損害賠償責任,但非避免危險所必要或已逾越所能致的損害程度,或危險的發生行為人有責任者,均應負損害賠償責任。

3.效果:不負損害賠償責任。但如果不是避免危險所必要或已逾越危險所能致的損害程度,或危險的發生行為人有責任者,均應負損害賠償的責任。

二、自助行為

(一) 意義

為保護自己權利,對於他人的自由或財產施以拘束、押收或毀損的行為。為一種暫時性的保全措施。

(二) 要件

1.必須為保護自己權利:所保護的權利,指請求權且性質上適合強制執行者。例如婚約不可強迫履行,故其性質不適合強制執行,不可認為是自助行為。

2.必須不及受法院或其他有關機關援助:即時機急迫,如

非於其時為之，則請求權不得實行或其實行顯有困難。是否有此情形，應依客觀標準作決定。

　　3.必須為對於他人的自由或財產施以拘束、押收或毀損：即自助行為的對象，以他人之自由及財產為限。自助行為的種類，亦以拘束、押收或毀損為限。

（三）效果

　　1.行為人不負損害賠償責任。

　　2.行為人應即時向法院聲請處理。此項聲請被駁回或其聲請延遲者，行為人應負損害賠償責任。

 **參考法條**

1. 民法第148條：權利之行使，不得違反公共利益，或以損害他人為主要目的。
   行使權利，履行義務，應依誠實及信用方法。
2. 民法第149條：對於現時不法之侵害，為防衛自己或他人之權利所為之行為，不負損害賠償之責。但已逾越必要程度者，仍應負相當賠償之責。
3. 民法第150條：因避免自己或他人生命、身體、自由或財產上急迫之危險所為之行為，不負損害賠償之責。但以避免危險所必要，並未逾越危險所能致之損害程度者為限。
   前項情形，其危險之發生，如行為人有責任者，應負損害賠償之責。
4. 民法第151條：為保護自己權利，對於他人之自由或財產施以拘束、押收或毀損者，不負損害賠償之責。但以不及受

法院或其他有關機關援助，並非於其時為之，則請求權不得實行或其實行顯有困難者為限。

5. 民法第152條：依前條之規定，拘束他人自由或押收他人財產者，應即時向法院聲請處理。

前項聲請被駁回或其聲請遲延者，行為人應負損害賠償之責。

Memo

國家圖書館出版品預行編目資料

輕鬆看民法總則／曾淑瑜編著. --二
版--.--臺北市：書泉,2009.06
　　面；　公分.
　ISBN 978-986-121-484-9（平裝）

1.民法總則

584.1　　　　　　　　　98005226

3U03

輕鬆看民法總則

編 著 者 ― 曾淑瑜(282.1)

發 行 人 ― 楊榮川

總 編 輯 ― 龐君豪

主　　編 ― 劉靜芬　林振煌

責任編輯 ― 李奇蓁　蕭富庭

封面設計 ― P. Design視覺企劃

出 版 者 ― 書泉出版社

地　　址：106台北市大安區和平東路二段339號4樓

電　　話：(02)2705-5066　　傳　　真：(02)2706-6100

網　　址：http://www.wunan.com.tw

電子郵件：shuchuan@shuchuan.com.tw

劃撥帳號：01303853

戶　　名：書泉出版社

總 經 銷：聯寶國際文化事業有限公司

電　　話：(02)2659-4083

地　　址：新北市汐止區康寧街169巷27號8樓

法律顧問　元貞聯合法律事務所　張澤平律師

出版日期　2001年12月初版一刷
　　　　　2009年 6 月二版一刷
　　　　　2011年 4 月二版二刷

定　　價　新臺幣180元